교양만화로 배우는 글로벌 인생 학교

어메이징
디스커버리 ④
캐나다

어메이징 디스커버리 ④

교양만화로 배우는 글로벌 인생 학교

위즈덤하우스

| 차례 |

캐나다!

홍설록

우유부단한 성격이지만 강가영에 관한 일이라면 망설이지 않고
실행하는 행동파. 창의적이고 상상력이 풍부하다.

강가영

원하는 건 꼭 해내는 성격. 먹을 걸 좋아하는 단순한 면도 있다.
오랫동안 자신을 짝사랑해온 홍설록에게 마음을 열기 시작한다.

장화순

홍설록의 친구. 학력은 높지만 생각이 너무 많아 아직 백수이다.
냉소적이고 회의적인 성격이지만 은근히 주변을 챙긴다.

백범영

대한민국 최고 대학의 사회학과 교수이자 사회과학대 학장. 장회
장과 베를린 장벽 돌조각을 놓고 내기를 한 뒤 여행에 합류한다.

신수길

소위 스펙 좋은 교수이지만 상상력이 부족해 스승인 백범영에게
늘 구박받는다. 세상을 물질과 숫자로만 바라보는 속물적인 성격.

장석대

대한민국 서열 1위 기업의 소유주이자 회장. 행복 프로젝트와 장
미재단의 바이올린 신동 장요한을 위해 독일 여행을 계획한다.

장장미

장석대 회장의 손녀이자 장화순의 누나. 장미그룹 산하 장미재단
의 홍보책임자를 맡고 있다.

원정대는 낯선 땅에서 금도 은도 찾지
못했지만 탐험을 멈추지는 않았다.

해안과 강 유역을 떠돌면서 그 곳에
이미 살던 원주민들도 만났다.

2차 항해에 나섰을 때 카르티에 일행은
작심하고 더 내륙 깊숙이 들어갔다.

세인트로렌스 강을 거슬러 상류를 향해….

당시 그가 탄 범선에는 이로쿼이족
원주민들도 동승해 있었는데

항해 도중 한 원주민이 강의 북 쪽 연안을
가리키며 카르티에게 이렇게 말했다.

제1화

카나타

'마을'이라는 뜻이었어.

예?

캐나다 동부 온타리오주
사우전드 아일랜드

그 때 원주민이 했던 말, 카나타가
마을, 동네 그런 뜻이었다고.

아…!

장석대
장미그룹 회장

장장미
장석대 회장의 손녀

원주민은 단지 저기에 마을이 있다고 한 건데,

프랑스인들은 그 말을 지역명으로 알아들은 거지.

오늘날 캐나다라는 국명이 거기에서 유래한 거군요?

그래.

어떠냐? 뭔가 의미심장하지 않니?

뭐가요?

나라 이름이 마을이라는 뜻을 담고 있다는 것 말이다.

땅이 크든 작든, 인구가 많건 적건,

국가란 것도 따져보면 결국 마을이라는….

국토 면적이 세계에서 두 번째로 큰 나라인 캐나다의 시작도 처음엔 마을이었지?

그랬나요?

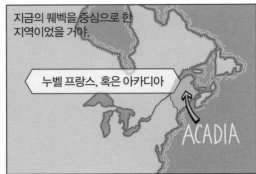

지금의 퀘벡을 중심으로 한 지역이었을 거야.

누벨 프랑스, 혹은 아카디아

ACADIA

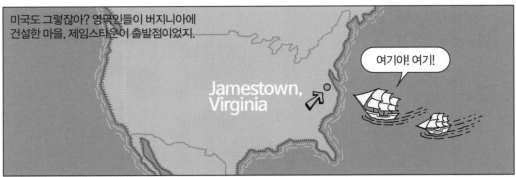

미국도 그렇잖아? 영국인들이 버지니아에 건설한 마을, 제임스타운이 출발점이었지.

Jamestown, Virginia

여기야! 여기!

학자들은 좀 더 진지하게 국가의 개념을 설명하겠지만

"국가의 성립조건은…."

내 생각에 국가는 마을, 혹은 마을들의 연합이야.

마을 사람들의 터전, 그리고 그들의 처지가 곧 국가인 게지.

한 마을에 사는 사람들일지라도
제각각 처지가 다른 것처럼

국가에 대한 생각이나
느낌도 다 다르지 않겠니?

처지가 괜찮은 사람들도 있을 테고,

"내 나라 맘에 든다."

그렇지 못한 사람들도 있을 게야.

"이게 나라냐?"

서로의 처지를 이해하려는
사람들이 있는 반면,

"더불어 삽시다."

자기 처지를 앞세우는
사람들도 있을 게야.

"먼저 나부터 살게 해줘."

국가의 주인은 모든 국민이라지만
그게 어디 말처럼 쉬운 일이겠니?

내가 사는 곳이 좋은 마을인지 아닌지를 정하는 기준은 뭘까?

소득수준?

부자 동네 사네?

여기서 내가 제일 가난해.

땅값? 집값?

비싼 동네 사네?

그래봤자 난 월세.

환경?

편의 시설 많네?

미세먼지도 많아.

사람들 사이의 관계?

서로 믿고 살자.

넌 못 믿겠는 걸?

나름대로의 기준들이 있겠지?

그래서 사람들은 자기 마을을 살기 좋게 만들려고 애쓰기도 하고,

재개발 합시다!

개발이 능사가 아니죠!

너만 그렇게 생각하죠!

끝내 아니다 싶으면 딴 마을로 이사를 가기도 하지.

절이 싫으니 중이 떠나야지.

살던 나라를 등지고 이민을 떠나는 사람들 심정도 마찬가지 아니겠니?

하긴요. 처지가 영 못마땅하면 다른 터전을 선택하기도 하죠?

그나저나 여긴 참 좋네요.

물 맑고, 공기 좋고.

크고 작은 섬들, 그림 같은 집들.

좋은 곳이지. 이름하여
사우전드 아일랜드.

우리말로는 '천섬'.

THOUSAND
ISLAND

세인트로렌스 강에 흩뿌려진 듯
널린 천 팔백 개가 넘는 섬들.

Quebec City

Thousand
Islands

Montreal

Toronto

Kingston

천혜의 휴양지라서 미국과 캐나다의
부호들이 지은 별장들도 많단다.

우리가 아는 사우전드 아일랜드 드레싱의 유래가 된 곳이기도 해.

아! 마요네즈와 케첩 섞은 샐러드 소스요?

맞아.

할아버지, 그런데요?

응?

캐나다라고 어디나 다 이렇지는 않겠죠?

하하하하

경치로 따지자면 캐나다에 이보다 더 좋은데도 많지.

로키 산맥으로 들어가면 입이 쩍 벌어질 정도의 비경들이 즐비해.

그리고 퀘벡, 몬트리올 같은 도시들도 나름 매력 있고.

살기 좋은 데로 치자면 밴쿠버를 비롯해 서부에도 좋은 동네들 많지.

자연환경만 놓고 보면 아마도 캐나다 만한 데가 별로 없을 거다.

그래서 그런가? 우리나라 사람들한테 이민 선호도로 손꼽히는 나라가 캐나다래요.

하하하하 경치 좋아 이민 가고 싶다면 한국에도 산 좋고 물 좋은 데 많다.

그렇죠? 꼭 환경 요인만은 아니겠죠?

관점을 돌려 보거라.

어떻게요?

가서 살고 싶은 나라로 캐나다를 볼 게 아니라,

이 나라 사람들이 자기들과 다른 이들을 맞이할 터전을 어떻게 만들어 놓았는지를 알아봐야지.

인종과 문화가 판이하게 다른 사람들을 말이다.

이리로 불러라.

이 마을, '카나타'로.

2017년 7월1일은 캐나다가 탄생한 150번째 생일이었다.

1867년 캐나다 자치령이 영국 상하 양원을 통과해
온타리오, 퀘벡, 노바스코샤, 뉴브런즈윅 등 4개 주가
참여한 연방이 출범된 날을 기념하는 날이었다.

그렇게 시작한 캐나다는 동서를 잇는 철도를 개통하며
나머지 주들을 꾸준히 설득해 연방에 포함시킨 끝에
오늘날과 같은 광활한 국가를 건설하였다.

건국 150주년을 맞은 캐나다 사람들은
각종 캠페인을 벌이며 기념일을 자축했다.

The World

캐나다를 대표하는 서점 브랜드인 인디고는
매우 의미심장한 슬로건으로 매장의 커다란 면을 장식했고,

동일한 문구의 제목으로 특별한 책도 출간했다.

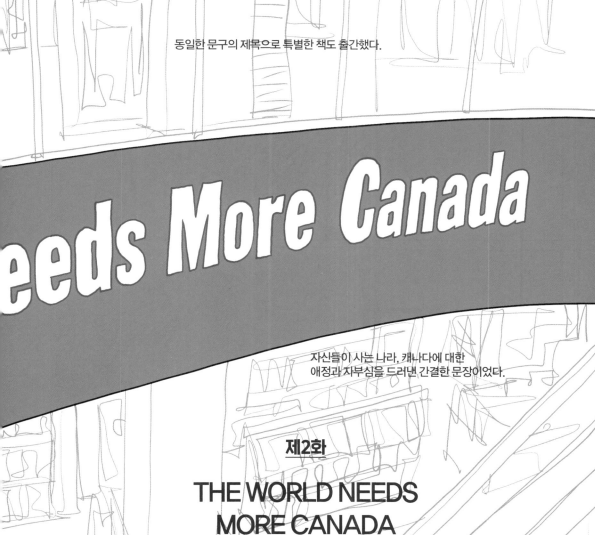

eeds More Canada

자신들이 사는 나라, 캐나다에 대한
애정과 자부심을 드러낸 간결한 문장이었다.

제2화

THE WORLD NEEDS
MORE CANADA

세계는 더 많은 캐나다가 필요해?

내가 제대로 해석한 것 맞냐?

대략 그런 뜻 같은데?

홍설록
두루두루 연구소 팀장

장화순
장석대 회장의 손자

보아하니 패권주의나 무모한
팽창전략은 아닌 것 같고….

캐나다라는 나라가 국제 사회에
그만큼 기여하고 있다는 얘긴가?

환경이나 난민문제에 관해
캐나다가 꽤 적극적이긴 하잖아?

그래도 이건 너무 시건방진 거 아냐?

자기네 나라가 지구상에서
제일 잘났다는 투잖아?

그 정도는 아닌 것 같은데?

딴 나라들을 무시하는 투가 아니라
세계에 대한 애정이 느껴지지 않냐?

어디서? 어떻게 느껴져?

잘 봐.

......

안 느껴져?

......

......

......

약간 15도 정도 기울여서 봐.

......

어쨌든, 그걸 알아보라고
우릴 부르는 거겠지?

누가?

할아버지 모시고 캐나다에
간 누나한테서 연락이 왔어.

이 제목에 담긴 의미를
찾아낼 녀석을 데려 오라고.

그게 누군데?

누구긴? 너지.

난 별로 안 찾고 싶은데?

캐나다에 관심도 없고.

......

가영이는 이미 출발했다는데?

...!...

안 가고 뭐해?

......

여보세요?

강가영 선생?

인천국제공항

예, 실장님.

비행기 탈 시각 거의 됐지?

강가영
장미재단 객원 연구원

예, 이제 곧……

캐나다에 관해 사전 공부는 좀 했고?

차츰 해야죠.

흠, 좋아. 그럼 안전하고 즐거운
비행 후 토론토에서 만나.

예….

참, 그런데 언니….

응? 뭐?

설록이도 가는 거죠?

응, 화순이한테 얘기했어.
그 녀석 잘 가지고 오라고.

025

오오오오!!!!

무려 '페어몬트 샤토 프롱트낙'입니다!

뭐가?

신수길
광명대 사회학과 교수

퀘벡에서 묵을 호텔 말입니다.

그게 뭔데?

백범영
광명대 사회연구소장

알 만한 사람은 다 아는,
공유가 나왔던 드라마의

바로 그 호텔!

세인트로렌스강이
내려다 보이는 언덕 위에

고색창연한 기품을 자아내며
마치 성처럼 서 있는 호텔로

1893년에 착공해 100년에 걸쳐 지어진
퀘벡의 랜드마크 아니겠습니까?

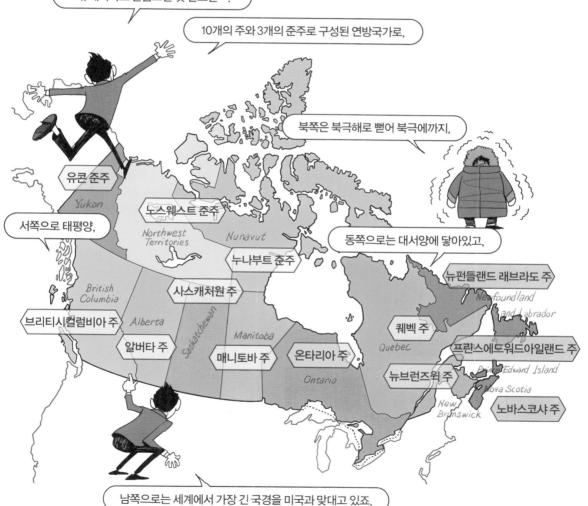

자! 캐나다로 말씀드릴 것 같으면…

10개의 주와 3개의 준주로 구성된 연방국가로,

북쪽은 북극해로 뻗어 북극에까지,

서쪽으로 태평양,

동쪽으로는 대서양에 닿아있고,

남쪽으로는 세계에서 가장 긴 국경을 미국과 맞대고 있죠.

유럽 전체 면적과 거의 맞먹을 정도로 큰 나라라서

유럽 면적 10,180,000km²

캐나다 면적 9,985,000Km²

전 세계 표준 시간대들 중 6개를 포함할 정도죠.

거기 몇시야?

잠 자는 시간이야.

하지만 한랭지대인 툰드라가 워낙 넓어서 실제 거주 지역은 제한적입니다.

미국과의 국경지대에 옹기종기….

USA

캐나다의 수도가 어딘 지는 아시죠?

토론토 아니냐?

땡!

몬트리올?

때~앵!

밴쿠버?

땡! 땡!

오타와입니다.

응? 의외네?

오타와가 수도로 정해졌을 당시, 캐나다 사람들도 당황했었답니다.

왜?

그 얘길 하려면 캐나다 역사에 관한 기나긴 역사를 읊어야 하니까 다음으로 미루죠.

150년밖에 안 된 역사 이야기가 뭐가 길어?

모르시는 말씀!

오래전 원주민들이 도래한 때로부터
유럽인들의 이주,

왜 왔니?

살러 왔지.

우리 살고 있는 거 안 보이니?

거기에 미국도 포함된 북미개척의 시간들,
현대의 캐나다를 만든 사람들 이야기까지.
아주 파란만장합니다.

과거는 안 보이고
우리 미래만 보이는 걸.

근데 그 수염은 또 뭐냐?

프렌치 스타일입니다.

캐나다 가면서 웬 프렌치?

프랑스계가 많이 사는
퀘벡 주에서는 이게 먹어줍니다.

프랑스어는 할 줄 아냐?

봉주~?

페어몬트 르 샤토 프롱트낙!

제 2차 세계대전 당시 미국 루즈벨트 대통령, 영국 처칠 수상과 캐나다의 맥켄지 킹이 노르망디 상륙작전에 합의한 장소이지만, 국내에는 드라마 〈도깨비〉의 배경으로 더 잘 알려져 있습니다. 영상으로도 사진으로도 많이 소개되어 캐나다의 어느 성채나 교회 등 유적지보다 더 많이 SNS에 등장하는 호텔입니다.

퀘벡에 도착하게 되면 으레 세인트로렌스 강변 윗동네 보드워크에 발길이 닿는데, 끝자락에 위풍당당한 모습으로 서있는 사뮤엘 드 샹플랭 동상을 오래 바라볼 여유가 없습니다. 바로 옆에 웅장하게 오래된 성처럼 자리한 프롱트낙 호텔을 드디어 보게 되어 여러 각도에서 사진을 남겨야 하니까 말입니다. 호텔 건물의 실루엣이 가장 잘 나오는 각으로 찍은 사진을 페이스북이나 인스타에 올리면서 사람들은 아마 이런 종류의 문구를 삽입할 겁니다. "이 순간을 위해 고색창연이라는 말을 아껴뒀다"는 등.

프롱트낙 호텔을 두고 간혹 원래 성이었던 걸 개축해서 호텔로 지었다는 낭만적인 낭설이 있는데, 애초부터 호텔이었습니다. 캐나다 철도 건설이 한창이었던 시절 부유층 고객을 유치하기 위해 짓고 누벨프랑스의 총독을 지냈던 프롱트낙 백작 루이 드 부아드의 이름을 딴 호텔의 모양새는 작심하고 수백 년의 세월을 품은 듯 고풍스럽게 단장되었지만 100년 남짓 된 건축물의 서사가 그리 유서 깊지는 않습니다. 그래도 신비의 전설을 가진 도깨비가 은신처로 선택하기에 외양상으로는 그만한 것이 없습니다.

호텔 주변은 퀘벡에서도 누벨프랑스의 요지였습니다. 누벨프랑스에서 부자와 빈자들은 확연히 구분된 장소에서 따로 살았습니다. 동네의 위치도 신분과 처지에 딱 어울리게 윗동네와 아랫마을이었습니다. 고위층과 부자들이 세인트로렌스강을 눈 아래 내려다보며 살았던 언덕으로부터 발길을 돌려 아랫동네로 내려가면 상대적으로 처지가 열악하고 고된 사람들이 옹기종기 모여 촌락을 형성했던 마을이 나옵니다. 현재 아랫마을은 장사꾼들의 동네로 조성되어 있습니다. 예전 다닥다닥 붙어서 밀집했던 가옥들은 지금 작은 가게들로 변모했고 상점들 사이로 난 좁은 길은 쇼핑을 하고 구경을 하는 인파들로 북적입니다. 아마 예전에도 지금처럼 아랫마을이 언덕위보다 붐볐을 겁니다.

　그리고 그 곳에서도 드라마 〈도깨비〉의 흔적이 발견됩니다. 빨간색이었나? 가게나 집의 명확한 출입구라고 하기엔 좀 애매한 위치에 난 작은 문입니다. 도깨비가 드나든 통로라고 알려진 문이라서 한국에서 온 관광객들은 빼놓지 않고 사진을 찍는 편입니다. 퀘벡 관청이나 지역 상가협회 같은 데서 드라마 촬영지라거나 '도깨비 출몰지역'이라는 표지판을 따로 설치해 두진 않았지만 한국 여행객의 동선을 쫓다보면 쉽게 찾을 수 있습니다. 오죽하면 외국인 한 명이 "동양인들은 왜 다들 저 문 앞에서 사진을 찍는 거냐?"며 물었고, 대답을 들은 그 조차도 기념이라며 일행을 불러서 대수롭지 않은 문짝 앞에서 포즈를 취하며 사진을 찍어달라고 합니다.

　적으나마 퀘벡이 도깨비로 재미 좀 본 것 같습니다.

매년 캐나다 동부를 붉게 물들이는 가을 단풍은
오래전부터 그 땅에 살던 원주민들과 이주민들
모두에게 깊은 인상을 심어준 광경이었다.

그래서 1960년대 조국을 상징하는 새로운 국기를
만들기로 했을 때 캐나다 국민들이 선택한 것은

그동안 가슴에 깊이 새겨진
붉은 단풍잎의 도안이었다.

바다에서 바다로 이어지는 광대한 영토를 건설하는 것은 캐나다 연방 정부의 오랜 숙원이었고,

그 과업을 완성하는 과정은 실로 극적이었다.

오늘날 캐나다 국기에는 그 노력의 역사와 달성의 자부심을 길이길이 기억하고 지켜내겠다는 의지가 그려져 있다.

왼쪽과 오른쪽의 빨간색 면이 각각 나타내는 것이 바로 캐나다가 양쪽으로 면한 두 대양, 태평양과 대서양이다.

제3화

단풍잎

볼 때마다 느끼는 거지만
정말 예쁘지 않냐?

뭐가?

이 나라 국기.

All ABOUT
CANADA

캐나다 국기가 멋있긴 하지.
단순하면서도 인상적이고.

그러니까 말이야.

어떻게 단풍잎을 국기에
넣을 생각을 했을까?

그거야 단풍나무가
많으니까 그랬겠지?

캐나다가 메이플 시럽 산지로도 유명하잖아?

단풍나무 수액으로 만드는….

전 세계에 유통되는 메이플 시럽 대부분이 캐나다에서 생산될 걸?

'메이플 로드' 라고 들어 봤어?

메이플 로드?

토론토에서 퀘백에 이르는 장장 800km에 걸친 단풍나무 길이야.

Quebec

Montreal

Ottawa

Toronto

가을이 되면 절정을 이루는그 풍경이…

가히 장관이래.

그렇다고 해도 이건 확실히 독특해.

뭐가?

흔히 국기의 상징으로는 좀 더 거창한 이미지나 도안을 쓰잖아?

해, 달, 별 같은.

아니면 의미심장한 색상의 조합이라던가.

박애

평등

자유

삼라만상의 이치 같은.

그런 것들에 비하면 단풍잎은 훨씬 현실적이면서도 소박한 오브제잖아?

캐나다 사람들 센스가 남다르다는 건가?

센스라기보다는 시대의 요청이었을 걸?

무슨 시대 요청?

가치중립적인 이미지가 필요했던 시대의…

지금의 캐나다 국기가 언제부터 사용된 건지 알아?

몰라?

1965년부터야.

뭐? 그 정도밖에 안 됐다고?

응.

그럼 그 전에는?

영국의 상선기를 빌려 썼지.

좌상단에 '유니언잭'이 그려져 있는.

Red Ensign

'레드 엔슨'이라고 불린 깃발이었어.

캐나다는 영국으로부터 훨씬 전에 독립하지 않았어?

물론이지. 1867년에 자치령으로 독립했고,

1, 2차 세계 대전에 모두 자주국으로 참전했으니까.

그런데 국기는 왜?

나라를 대표하는 상징을 정하는데 오래도록 의견일치를 보지 못했던 거야.

왜?

프랑스계와 영국계 사람들의 관점이 달라도 너무 달랐거든.

그게 무슨?

너도 알다시피 북미 이주 역사에서 프랑스와 영국이 많이 싸웠잖아?

나, 모르는데?

캐나다 역사에 대해 몰라?

몰라.

어쨌든 둘이 많이 싸웠대.

왜?

자세히는 나도 잘 몰라.

그럼 누가 알아?

수길이형이 잘 알겠지.

어째서?

음하하하

이 만화에서 세계사는 수길이형 담당이잖아?

언제부터?

3권 181쪽부터.

암튼, 17세기 중반부터 두 나라는 북미 지역 주도권을 놓고 치열하게 다퉜대.

근데 우린 왜 싸우니?

난들 아니?

그 싸움은 한 세기 가량 지속되었는데,

그럼 누가 알아?

수길이형이 안대.

최종적으로 영국이 전쟁에서 이기고 캐나다를 영국령으로 삼았지만

영국 승!

이후로도 줄곧 앙금은 사라지지 않았대.

졌어도 콧대는 계속 세울 거다!

그 놈의 프렌치 콧대.

그래서 국기를 새로 정하려고 할 때마다

바꿀 때 되지 않았냐?

영국계는 유니언잭을 포기하지 않으려고 했고,

바꾸긴 뭘 바꿔?

프랑스계는 프랑스왕가의 전통 문양 사용을 주장했대.

부르봉 왕가의 상징으로!

그렇게 지리한 공방을 펼치면서

바꿔!

안 바꿔!

왜 바꿔?

걍 바꿔!

연방 정부의 국기를 결정하는 일이 계속 미뤄졌던 거지.

독립하고 나라 세운지 100년이 다 돼 가는데, 국기가 없다니…

그러다가 1964년, 캐나다 국민들은 드디어 중차대한 결정을 해야만 했어.

더는 미룰 수 없다!

총대는 레스터 피어슨이 맸지.

누군데?

당시 캐나다 총리.

Lester Pearson

1963년 무렵, 분쟁지역이던 이집트에 UN이 캐나다 군대를 평화유지군으로 파견하려 했을 때

수에즈 운하 문제로 전운이 감돌았어.

캐나다 국기를 영국의 잔재로 본 이집트가 군대의 입국을 거부한 사례도 있었는데,

대영제국의 똘마니?

무슨 그런 섭한 소릴!

머지않아 1967년이 되면 건국 100주년을 맞이하게 될 캐나다 국민들로선 국제사회에서의 위상을 생각하더라도 결단을 내려야만 했거든.

이미지 쇄신이 필요하다!

그래서 어떻게 했어?

대대적으로 국기 디자인 공모를 했지.

공모를 했다고? 국기 디자인을?

응, 전국민을 대상으로.

수천 개의 응모작들이 모였지.

오!

그 많은 후보작들 중 하나를 정할 때, 가장 많이 고려된 점이 뭐겠어?

글쎄? 멋있어야 된다?

그건 기본이고.

캐나다가 추구하는 통합의 가치를 나타내는 중립적인 이미지일 것!

캐나다는 영국계나 프랑스계뿐 아니라

원래 살던 원주민들과

모든 이주민과 정착민들의 나라다.

그런 점에서 피어슨 정부가 주도한 과업은 캐나다의 미래를 규정하는 일이었어.

왜?

모범적인 다문화 국가로 나아가려는 캐나다의 상징을 찾는 일이었으니까.

아하!

최종으로 선택된 도안은 군인 출신 역사학자 조지 스탠리가 제안한 것이었어.

이 단풍잎이야말로!

George Stanley

바로 오늘날 캐나다의 국기.

메이플 플래그.

의회 승인을 거친 새 국기는 1965년 2월 오타와의 의회 의사당에 높이 게양되었어.

승객 여러분, 우리 비행기 이제 곧 밴쿠버 국제 공항에 착륙한다. 모두 자리에 앉아서 좌석 벨트를 조여라.

오오! 드디어 도착했다.

단풍잎의 나라.

가영이는 먼저 와 있을 테니 이제 곧 만나겠지?

누나랑 같이 있을 거야. 도착하면 전화 하랬어.

하하하하하하

좋냐?

그렇게 좋으면 이번엔 잘 좀 해봐라.

하하하하

지난번 독일에서처럼 엉뚱한 짓 하지 말고.

하하하하

잘 할 수 있겠어?

하하하하

용기 내서 고백도 하고, 응?

하하하하

뽀뽀도 하고!

하하하하 하하하하

…….

하하하하 하하하하 하하하하

띠리 띠리 띠리링~

응?

뭐야? 화순이냐?

도착했다고? 뭐??

너희, 바보냐?

…….

왜요?

얘들 밴쿠버로 갔대.

!!!

야! 거기로 가면 어떡해?

캐나다 오라고 해서 왔는데 뭐?

그러니까 토론토로 와야지!

밴쿠버는 캐나다 아냐?

이번에도 순조롭지가 않네.

토론토와 밴쿠버 간 거리 약 4,400km

메이플 시럽은 캐나다를 대표하는 감미료입니다.

우리는 주로 팬케이크를 촉촉하게 적시고 와플을 더욱 달게 만드는 시럽으로 많이 알죠. 주산지인 캐나다에서는 별별 요리에 메이플 시럽을 다 씁니다. 사탕처럼 굳혀서 먹기도 하고 빵에 발라 먹기도 하고 디저트에 올리기도 하고 샐러드에 넣기도 하고 연어를 구울 때 바르기도 합니다.

전 세계에 유통되는 메이플 시럽의 70% 이상이 캐나다에서 생산된다고 합니다. 그중에서도 유달리 단풍나무가 많은 퀘벡 주에 국한해서 말입니다. 우리나라에도 단풍나무는 꽤 있습니다. 하지만 메이플 시럽을 생산할 수는 없습니다. 가을철 설악산이나 내장산 단풍놀이 가서 보는 나무와 메이플 시럽을 만드는 캐나다의 단풍나무는 종류가 다르기 때문입니다. 캐나다의 단풍은 슈거 메이플이라고 부릅니다. 굳이 말을 만들자면 당단풍이라고 할까요? 메이플 시럽은 그 슈거 메이플에서 나오는 수액을 정제해서 만듭니다. 캐나다 동부의 가을을 빼곡하게 수놓는 단풍나무에 관을 꽂아 어마어마한 양의 수액을 추출해 끓이고 달이고 졸여서 생산하는 퀘벡의 특산품인 셈이죠. 아마도 유럽인들이 도래하기 전부터 원주민들은 이 천연 시럽을 만들어 먹었을 테고 뒤늦게 당도한 이주민들에게 제법을 알려줬을 겁니다. 달기로는 설탕에 버금가고 은은한 향도 일품이라 캐나다 사람들뿐 아니라 전 세계 사람들이 즐기는 식품 재료입니다.

캐나다에 사는 사람들이 전하는 말에 따르면 캐나다에서 먹는 달달한 것들은 모두 몸에 좋다고 합니다. 왜냐하면 천연 메이플 시럽으로 단맛을 내기 때문이라지요. 포화지방이나 콜레스테롤 걱정을 안 해도 될뿐더러 미네랄도 포함하고 있고 무려 황산화 성분도 들어 있다고 합니다. 어찌나 좋은지 삼시 세끼 간식 야식 가리지 않고 시럽을 양껏 섭취하고픈 마음이 들 정도입니다. 하지만 세상에 단 것치고 건강에 유익하기만 한 것이 있겠습니까?

메이플 시럽에 함유된 절반을 훌쩍 넘는 성분이 당인데 그중 과당과 포도당을 제외한 62% 가량이 수카로스라는 당류입니다. 얼핏 들어도 사카린이나 슈거라는 단어가 연상

캐나다의 특산물,
메이플 시럽

되죠? 사탕수수를 정제한 백설탕을 경계해야 한다면 단풍나무 수액을 정제한 메이플 시럽을 먹을 때도 반 정도는 경계해야 한다는 거죠. 적어도 화학적으로는 그렇습니다.

하지만 사탕수수에 비해 메이플 시럽으로 느끼는 감성은 꽤 선량하고 자연친화적입니다. 과거 열강들의 식민지에서 원주민들의 고된 노동으로 짜낸 사탕수수의 설탕과 달리 메이플 시럽은 어쩐지 나무가 선물하는 수액을 유유자적하며 얻어낸 것 같은 느낌이 들기 때문이지요.

어쨌거나 메이플 시럽이 캐나다에 유익한 건 분명합니다. 국기에 그려진 단풍잎 도안에서도 왠지 친근함과 기분 좋은 달콤함이 느껴져서 캐나다라는 나라를 대하는 마음에도 영향을 주니까요.

미국과 캐나다는 공통점이 있다.

둘 다 태평양과 대서양을 양쪽으로 접한 넓디넓은 영토를 가졌고,
그 땅은 원래 원주민들의 터전이었지만 유럽에서 넘어온 백인들이
차지하고 개발해서 독립 국가를 세웠다.

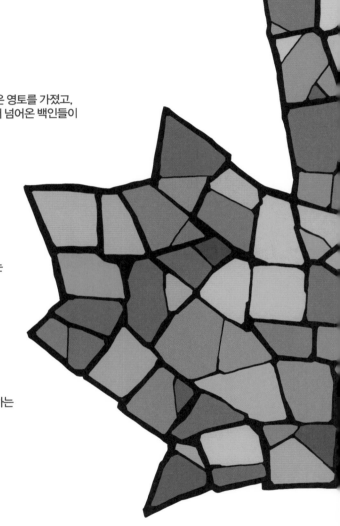

그리고 현재에 이르기까지 다양한 민족과
인종의 이주민들이 여러 이유로 꾸준히 유입되는
거대한 이민국이라는 공통점도 있다.

그러나 미국과 캐나다가 이민자들의 문화를 대하는
방식에서는 극명한 차이점을 보인다.

예를 들어, 인도 출신의 이민자들이 있다면 미국은 그들로 하여금
출신지의 문화와 정체성보다 미국정신을 가진 미국인으로 거듭나기를 바라는 사회다.

반면, 캐나다에서 그들은 인도인으로서의 정체성과 고유문화를
유지하면서 동시에 캐나다 국민으로서의 권리를 보장받는다.

유럽, 중동, 아시아, 아프리카 등 각기 다른 문화권으로부터 온
이민자들일지라도 미국이라는 큰 그릇에 섞고 녹여서
하나의 미국문화에 동화시키는 방식을
흔히 'melting pot' 즉, 용광로, 혹은 도가니라고 부른다.

한편, 캐나다처럼 각 민족과 출신지의 문화를
고스란히 유지하면서 다양성을 추구하는 방식을
한 단어로 줄여 부르는 말이 있다.

제4화

모자이크

밴쿠버 국제 공항

화순아, 우리 이제 어쩌면 좋으냐?

우린 버려졌어.
넓디넓은 이국땅에.

뭔 소리야?

가영이가 있는 곳 반대편,
이 허망한 곳에 말이야.

밴쿠버가 뭐가 허망해?

여기서 비행기 타고
토론토로 가면 안 돼?

안 된대.

그럼 나, 가영이는 언제?

따로 이동해서
중간에서 만나재.

중간? 어디?

로키산맥 어디쯤.

일단 짐부터 찾자. 저기 사람들 기계 앞에서 뭘 하고 있는데?

뭐지?

무인 자동 입국 신고대겠지.

오! 여기 봐. 전 세계 언어 안내문이 다 있는 거 같아.

한국어도 있어.

당연히 있겠지.

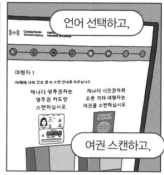

언어 선택하고,

여권 스캔하고,

사진 찍고, 출력! 오! 간편한데?

타 문화권에 대한 배려겠지? 캐나다는 그런 나라니까.

너, 캐나다에 관해 모르는 것 같더니?

캐나다가 다문화주의를 추구한다는 거 정도는 알아.

그게 말뿐 아니라 일상적인 시스템을 통해 실현되고 있을 거란 예측은 했어.

그래? 어쨌든 첫 인상, 좋은데?

그럼 뭐해? 우린 버려졌는데.

캐나다에 왔더니 묻지도
따지지도 않고 밴쿠버로 갔다?

그러게 말이다.

정말 언니가 꾸민 거 아니에요?

아니라니까.

난 그저 화순이한테 비행기 표 끊어서
캐나다로 빨리 오라고 했을 뿐이라고.

여기 봐요. 이게 캐나다예요.

여기가 밴쿠버.

그리고 여기가 토론토.

그런데 행선지를 안 정하고
무작정 빨리 오라고 했으니.

아무 생각 없는 화순이는
당연히 이렇게 왔겠죠?

고! 고!

하여튼 지지리도 디테일
부족한 녀석 같으니.

내 동생 욕하지 마라!

이제 어쩔 거예요?

재단에서 밴쿠버 쪽 가이드 섭외하고 있어.

그럼 내가 아는 사람을 고용해요.

응?

타지에서 그 헐렁한 녀석들 신변을 아무한테나 맡겨서 되겠어요?

아는 현지인 있어?

믿을 만한 분이에요. 베테랑이기도 하고.

좋아. 연락해.

근데 걔네들 공항에 있는 동안 픽업할 수 있겠어?

가능해요.

워낙 기동력이 뛰어난 분이고.

밴쿠버 공항에 한국서 온 두 청년?

게다가 만화니까.

오우~케이!

← 육포

공항이라서 그런지 사람들 모습이 각양각색이네?

공항이라 그런 게 아니라 캐나다라서 그런 걸걸?

여느 다른 국제 공항보다 사람들 개성이 유달리 뚜렷해 보이지 않아?

이들 중 상당수는 아마 여기 사는 사람들일걸?

우린 지금 캐나다 다문화의 현장을 목격하고 있는 거야.

캐나다를 흔히 모자이크 사회라고 하잖아?

물감색이 섞이고 번져서 그림에 스며드는 게 아니라,

각자의 고유색을 보존하면서도 전체 조화를 구성하는 그림.

캐나다 국민이라는 큰 틀 안에서도 다양한 정체성이 계속 발휘되도록 한다는 거지.

다문화주의란 게 뭐겠어?

뭔데?

인종, 종교, 취향 등 각자의 처지로 인해 차별 받지 않고

그 모습대로 어울려 사는 걸 지향한다는 것.

다문화주의에서 달성하려는 핵심적인 두 개의 가치는

바로 '다양성'과

'평등'이야.

그럼 캐나다는 원래부터 다문화사회였던 거야?

당연히 아니지.

캐나다 역시 미국처럼 유럽계 백인들이 주류였던 나라야.

그런데 20세기 후반 부터 확 달라졌어.

너도 알다시피, 캐나다는 건국 후에도 프랑스계 사람들의 불만이 남았잖아?

아까는 네가 모르더니?

어쨌든 그 불만이 1960년대에 고조되어 급기야 분리운동의 조짐마저 일게 됐어.

콧대가 운다.

걍 딴 살림 차리자!

연방정부로선 특단의 조치가 필요했지.

나라가 두 쪽 날 판이다.

그래서 영어와 프랑스어 모두를 공식 언어로 채택하는 등,

'헬로'도 되고,

Hello!

Bonjour

'봉주르'도 된다.

프랑스계 국민들을 달래는 정책을 실시했어.

콧대가 멋있으시네.

칭찬에 영혼이 없네?

그런데 생각해봐.

뭘?

캐나다엔 영국과 프랑스계만 있었던 게 아니잖아?

그렇지. 원주민 무시하면 안 되지.

거기에 당시 인구의 상당수를 차지한 타지 이민자들도 엄연한 캐나다의 구성원이었거든.

중국계

인도계

독일계

베트남계

아이티계

등등…

바로 그 시점에 캐나다 사회는 바람직한 미래에 관한 중대한 결정을 내리게 된 거야.

폼 나는 거, 이왕 할 거면 남들보다 먼저 하자!

1971년에 캐나다는 세계 최초로 국가적 차원에서 다문화주의를 표방했어.

캐나다는 이제부터 다름을 인정한다!

그리고 그 의지를 실현하는 여러 프로그램과 정책을 꾸준히 마련했지.

이민 정책 개선.

다문화 정책 전담 정부 부처 설치.

다문화 유산을 보호한다는 내용은 헌법, 권리헌장에도 명기되었으며,

CANADIAN CHARTER OF RIGHTS AND FREEDOMS

1988년에는 명실상부한 다문화주의법이 제정되었어.

그 일련의 과정을 주도했던 당시 연방정부의 수장은

피에르 트뤼도 총리.

Pierre Trudeau →

재임기간은 1968~1979, 1980~1984 두 차례.

트뤼도? 이름이 귀에 익은데?

캐나다 총리였다니까.

그건 방금 너한테 들은 거고.

그 때 총리도 트뤼도, 지금 총리도 트뤼도.

아빠와 아들이라오.

Justin
Trudeau ←

누구…?

피에르 트뤼도의 아들이
현 총리인 쥐스탱 트뤼도라고.

그게 아니라….

2015년에 집권한 트뤼도 총리가
임명한 장관들의 면면을 볼까요?

일단 30명의 장관들은 정확히
남녀 15명씩으로 구성됐다오.

그중엔 아프가니스탄
난민 출신 장관도 있고,

민주제도부 장관
메리엄 몬세프

법무부장관은 원주민 출신,

조디 윌슨-레이보울드

체육장관은 시각장애인,

페럴림픽
메달리스트
칼라 칼트러프

버스 운전기사 경력의
사회기반시설장관,

인도
펀자브 출신
아마지트 소히

그중 단연 파격인사는
국방부장관이었지요.

시크교도
하지트 싱 사잔

이민자에 머리에 터번을 쓴 인물에게
국방부 수장이라는 중책을 맡긴다?

미국 같은 나라에선 도저히
상상도 못할 일 아니겠어요?

정말 그러네요.

어때요? 다문화주의를 더욱 발전시키겠다는
캐나다 연방정부의 의지를 읽을 수 있지 않나요?

예, 예. 그런데?

그리고 아주 흥미로운
사실이 또 하나 있다오.

…???…

예전 트뤼도 총리가 다문화주의를
선언했던 1971년에 바로 그 해에!

쥐스탱 트뤼도가
태어났다는 사실!

정말 의미심장하지 않나요?

그러니까 아주머닌 누구세요?

난 제시카.

그러니까 누구시냐고요?

지금 밝히긴 곤란한데?

왜요?

4화가 여기서 끝나.

……

육포 좀 줄까?

용광로냐? 모자이크냐?

　세계 여론 광장에서의 중론은 이미 어느 정도 가치판단을 내린 것 같습니다.

　인종별 출신지별로 각양각색인 문화들을 부글부글 끓는 용광로에 몰아넣는 것보다 원래의 다양성이 유지되는 산뜻한 모자이크 방식이 더 정치적으로 올바르다는 쪽으로 말입니다.

　최근 모자이크 방식을 추구한다는 캐나다의 다문화주의가 호평을 얻는 추세인 반면, 미국이라는 나라에서 이민자들과 유색인종이 겪는 올바르지 못한 사례들이 부각되다 보니 판단에 긴 심사숙고는 필요하지 않아 보입니다. 게다가 캐나다의 다문화주의 캠페인은 사회 내 여러 소수자 그룹에 대한 배려도 함께 포함시켜 근사하게 꾸린 패키지입니다. 이만하면 더 두고 볼 것도 없이 대세를 따라 캐나다 사회에 호감을 갖고 그 사회가 전하는 캠페인에 귀 기울이면 되는 걸까요?

　모자이크는 속성상 개별 색상들이 섞이거나 퇴색될 우려가 없고 배열을 잘 관리하면 전체적인 조화도 이룰 수 있죠. 그래서 모자이크 다문화주의의 장점은 고유의 전통과 커뮤니티 문화의 다양성을 확보할 수 있다는 겁니다. 그리고 차별이나 혐오 확산을 차단할 제어 장치를 사회적 합의를 통해 마련할 수 있습니다.

　그런데 개별 다양성 존중을 추구하며 모자이크 사회가 도달하고자 하는 바는 결국 조화와 융합입니다. 국가를 구성하는 국민들의 원만한 어울림을 달성하지 못한다면 과정에서 행해지는 배려와 존중의 실험, 노력들로 얻어지는 결실을 어디에 모으겠습니까? 잘 보존시킨 각각의 문화와 정체성으로 다시 제각각의 나라를 만들거나 폐쇄적인 커뮤니티를 구성할 게 아니라면 말입니다.

　결국 모자이크 사회나 용광로 사회나 바라는 결론은 크게 다르지 않은 거죠. 목표지향적인 용광로 정책이 다양한 속성의 보존보다 화학적 융합을 선택했다면 모자이크 정책은 조화를 바라되 원래의 속성도 되도록 지켜보자는 길을 택했을 뿐인 겁니다.

　바로 그런 점에서 모자이크에서 지우지 않고 보존하는 구분선은 단위별 구성원들의

구분을 허물지 않는
모자이크에 관한 의견

감성을 보호하는 약효인 동시에 독 또한 품고 있습니다.

허물지 않은 구분선은 예상보다 더 견고해져서 혼합되지도 희석되지도 않은 민족적 고유성이 자칫 국가라는 전체 공동체 실현의 장애가 될 소지는 없을까요? 어떤 계기를 통해 단위별 이기주의가 촉발해 배타성이 짙어질 위험은 없을까요? 모든 낱낱의 그룹이 존속시키려는 감성과 의지들 사이에서 이해충돌이 발생할 때 모자이크 국가는 어떤 기능을 하게 되는 걸까요? 작금의 다문화주의 캠페인을 바라보면 캐나다는 모든 해답을 이미 알고 있고 방안도 마련해놓은 것 같습니다.

캐나다는 모자이크라고 불리는 다문화주의 실험을 확신을 갖고 시작한 것 같습니다. 그러기에 세계의 매스미디어에 자신들의 이민과 난민 정책뿐 아니라 크고 작은 다문화의 풍경들이 노출되는 것에도 거리낌이 없습니다. 마치 지금까지의 내용만으로도 충분히 만족스러운 실험 결과를 얻은 것처럼.

모자이크냐? 용광로냐?

만일 우리나라도 해외로부터 다양한 인종의 외국인들이 대거 이주해오고 지금보다 더 큰 범위의 다문화 국가가 됨을 피할 수 없을 때, 우리 사회가 둘 중 어느 하나의 모델을 선택해야 한다면?

지금 분위기로 봐선 모자이크가 더 많은 표를 얻을 것 같네요.

최근 갤럽 조사에 따르면 지구촌 인구의 15%인 7억 5000만 명이
이민을 원하고 있으며, 그들이 가장 가길 원하는 나라 미국에 이어
두 번째로 선호하는 대상국은 캐나다였다.

한편, 이민을 고려 중인 한국인을 대상으로 비슷한 설문조사를 할 때
가장 이민 가고 싶은 나라로 종종 캐나다가 1순위로 꼽힌다.

캐나다를 새로운 삶의 터전과 국적으로 선택하는 이들이
가장 많이 본 것은 '사회 분위기와 문화'였다.

그 '사회 분위기와 문화'는 캐나다가 꾸준히 추진해온
열린 이민정책과 다문화주의 결실일 것이다.

그러나 캐나다의 문호는 1970년대 이전까지 유럽의 백인들이 아닌
타문화권 유색인종들에게 결코 크게 열려있지 않았다.

오늘날 모범적인 사례로 사뭇 부러움까지 사는
캐나다 다문화주의는

거대한 땅에 건설한 나라를 지탱하고
미래를 도모하기 위한 자구책에서 출발했다.

제5화

이유 있는 다문화

캐나다에서 올림픽 같은 TV중계를
많은 사람들이 함께 모여서 보면 말이야.

다 같이 캐나다를 응원하기도 하지만

캐나다 이겨라!

미국 져라!

끼리끼리 자기네 출신 국가
응원하는 것도 흔한 광경이야.

베트남 이겨라!

인도 이겨라!

중국 이겨라!

대~한민!국!

그럼 캐나다와
출신 국가가 붙으면?

너라면 그럴 때
어쩌겠어?

맘 같아선 "대한민국!"
하고 싶겠죠?

그럼 맘 가는 대로 하면 돼.

대놓고 응원해도
눈총 안 받아요?

누구도 그런 걸로
뭐라고 하지 않아.

적어도 공적으로 캐나다는
다문화에 긍정적인 사회니까.

만약 이민자나 다른 문화를
내치려는 사람이 있다면

그럴 거면 너희
나라로 돌아가!

그런 사람이 비난을 받거나
자기 행동에 책임을 져야 해.

부끄러운 줄 알아!

당신이야말로 자격이 없어.

벌금 내!

그럼 사적으로는요?

그건 모를 일이지.
각자의 몫이니까.

끼리끼리 불만이나
험담을 나누는 건요?

공과 사의 모호함에
대한 물음이로군.

사적인 것과 공적인 것의
차이는 뭘까?

?

그건 내 언행이 내가 주워
담을 수 있는 곳에 머무느냐?

걔 후져.

아니면 내 울타리 밖을
넘어가느냐?

너 후지다더라.

사적인 것과 공적인 것의 경계는
항상 내 의도로 정할 수 있는 게 아냐.

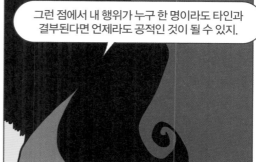

그런 점에서 내 행위가 누구 한 명이라도 타인과
결부된다면 언제라도 공적인 것이 될 수 있지.

그러니까 한 사회가 공히 추구하는 가치가 있고,

그 성과가 가시적으로 드러나고 지속된다면

거기엔 분명 다져진 내실이 있다고 봐.

언니.

응?

그게 무슨 말이에요?

……

캐나다의 다문화주의가 겉으로 알려진 만큼 내용도 실할까? 라는 물음에 대해

"그렇다"고 답할 수 있다는 얘기야.

Yes!

세계 도처에서 다문화가 위기를 겪는 상황에서도

우경화!

난민 거부!

애초에 내건 다양성과 평등의 가치를 내리지 않았고,

타문화 존중.

소수자 보호.

혐오 금지.

공적으로 나타난 실적도 꽤 높은 점수를 받을 만하니까.

인도주의 난민 정책.

약 40년간의 다문화주의 경험이 실효를
거두고 있다는 평가는 정당하단 얘기야.

흠… 그래도 말이 어려워.

그럼 쉽게 말해보렴.

캐나다의 다문화주의가
맘에 든다는 거잖아요?

믿을 만하다는 거지.

그게 그 말 아냐?

다르지!

뭐가 달라?

취향하고 가치의 실천에
대한 평가가 어떻게 같냐?

또 어렵게 말한다.

대학원까지 나와서
그 말이 어렵냐?

이건 어린이들도
보는 만화거든.

요즘 어린이들이
얼마나 명석한 줄 아냐?

그러니까 급하게 섭외된 가이드라는 말씀이군요?

그래서, 못 미더우셔?

그게 아니라 아무래도 연세가 있으시니….

오호! 부려먹기 어려울까봐?

아니, 그게 아니라 여기저기 다니려면 힘들지 않으실까…?

그럼 업고 다니셔.

호호호호 농담이라우.

캐나다에서 20년을 사는 동안 로키산맥을 수없이 들락거렸다오.

……

어쨌든 캐나다에 도착한 소감, 첫인상이 어때요?

아직은 잘 모르겠어요.

첫인상을 물었는데, 아직은 모르겠다?

그러니까 좀 더 지나봐야….

좀 지나면 그땐 첫인상이 아닌데?

하지만 지금은 딱히 이렇다 할 만한 게…

흠… 상상력이 부족한 캐릭터들인가?

그건 아니거든요!!

제가 공항에 내렸을 때 처음 든 느낌은요.

'외국인이 참 많다'였어요.

그러니까 첫인상은 '듣던 대로 이민자들의 나라였어'겠네요.

오! 제대로 봤어요.

캐나다는 전체 인구에서 이민자들이 차지하는 비율이 20%를 넘는다오.

캐나다 인구가 얼마나 되죠?

2016년 인구센서스 기준으로 대략 3천7백만 정도라오.

한국 인구보다 적네요?

응, 그런데 국토 면적은 무려 대한민국의 100배.

이 대목에서 감이 딱 오지 않나요?

감이? 어디서?

젊은이가 그런 노령개그를??

이 거대한 나라가 굴러가려면 이민자들 없이 불가능하겠군요?

감 잡았네!

캐나다는 건국과정에서부터 미국에 비해 유럽으로부터의 이주민 숫자가 적었어요.

저긴 아무래도 추워서…

그렇다고 정착민들의 출산율이 폭발적으로 늘리도 없잖아요?

우리 사랑과 애정만으론 이 땅을 채울 수 없어.

국토도 개발해야 하고,

철도공사 일손이 부족해!

나라경제도 굴려야 하는데,

소고기 사 먹어줄 사람이 부족해!

그 인력과 인구를 어디서 충당해야 했겠어요?

우리만으론 안 돼.

아! 감 또 잡았어요. 그러니까 애초에 캐나다가 이민 문호를 크게 연 것은?

맞아요. 자기들의 필요에서 시작한 개방이었던 거지요.

요즘 캐나다의 난민, 이민정책에는 인도주의와 호혜주의가 있잖아요?

그게 어디 처음부터 그랬을까요?

예전에는 캐나다 주류사회의 우월의식도 미국과 진배없었어요.

그랬군요.

다만 캐나다 사람들은 사정이 더욱 절박했기에,

동네 사람 수가 곰보다는 많아야 하지 않겠냐고?

곰이 그렇게 많아?

말이 그렇다는 거지.

좀 더 일찍 깨달았고,

아까 낮에 영감님이 했던 말이 맞는 것 같아.

공감대가 무르익으면서 캐나다의 미래 구상에 대한 결단을 내릴 수 있었던 거지요.

서로 좋은 게 좋은 걸로 합의본 거요.

근데 총대는 누가 메?

트뤼도 집안에서 매야지.

지금이야 캐나다는 인종과 출신을 차별하지 않는다고 자타가 인정하지만

꽤 오랫동안 질적으로나 양적으로나 유럽 출신 백인들이 주류인 사회였다오.

19세기 후반부터 대륙횡단철도 건설에 동원되었던 중국계 노동자들은

철도 놔주면 뭐로 갚으려나?

공사가 완공된 후 추방되거나 남아서도 불평등을 감수해야 했고,

인두세를 내라고???

1914년에는 인도에서 수백 명의 시크교도들이 배를 타고 와서 밴쿠버항에 입항했을 때,

문호 개방한다는 소문 듣고 왔소.

CANADA

입국이 거부되어 결국 돌아간 사례도 있었다오.

그거 50년 후에나 들을 소문이오.

CANADA

그리고 1970년대에 이민정책을 바꾼 후에도 한동안은 늘어난 유색인종 이민자들에 대한 시선이 곱지 않았다오.

무섭게 생겼어.

냄새가 달라.

우리 일자리도 빼앗길 판이야.

그러나 시간이 지나면서 알게 된 거죠.

그러고 보니!

그 이민자들이 주택을 사고 생필품을 구매하면서

경제인구가…

공장 가동률을 높이고 새 일자리를 창출하니까

늘었네!

결과적으로 국가경제에 이바지함으로써 그 이익이 순환된다는 사실을 말이죠.

좋은 게 좋은 거였어!

어쨌건 캐나다는 그런 경험을 통해 오늘날의 다문화사회가 된 거라오.

다문화주의라는 게 꼭 선량한 이들이 선택하는 착한 풍조인 건 아니잖아요?

솔직히 캐나다에서 살아본 내 느낌이 뭔지 얘기해줄까요?

국가나 사회에서의 소속감 같은 거라기보다,

캐나다와 나는 서로 주고받는 유익한 관계라는 느낌이라오.

자! 이제 그쪽 청년의 첫인상이 뭐예요?

전, 캐나다에서 버림받았어요.

…….

뭐지요???

신경 쓰지 마세요. 사랑하는 사람과 멀어져서 그래요.

이혼 당했나요?

…!!!…

073

캐나다 여권을 본 적이 있습니까?

여느 나라의 것처럼 캐나다 여권 앞면에도 나라를 상징하는 국장 도안이 박으로 새겨져 있습니다. 무궁화 꽃잎으로 태극 문양을 둘러싼 대한민국 국장이나, 올리브 가지와 화살촉을 발로 움켜쥔 흰머리 독수리로 나타내는 미국 국장, 또 저 신성로마제국 시절의 기억으로부터 프로이센과 바이마르를 거쳐 오늘날에 이르기까지 독일인들이 애용한 검은 독수리 국장처럼 말입니다.

그런데 캐나다의 국장은 일견 영국의 국장과 흡사해 보입니다. 방패 문장의 양쪽에 사자와 유니콘이 앞발을 들고 서있는 형태인데, 사자는 놀랍게도 영국 국기인 유니언잭을 들고 있고 유니콘은 전통적인 프랑스 왕가의 상징인 백합기를 들고 있습니다. 그리고 그들이 호위하고 있는 방패 문장에는 건국 무렵 캐나다를 구성한 주요 민족 상징들이 그려져 있습니다. 잉글랜드 왕가의 문장 요소인 세 마리의 사자, 스코틀랜드의 사자, 아일랜드인의 상징인 하프, 과거 프랑스 왕실의 백합문양이죠.

여기까지만 보면 국장이 선포하듯 암시한 캐나다의 주요 민족 구성은 서유럽 백인들의 선조인 앵글로 색슨족, 프랑크족 등을 포함한 게르만 민족과 켈트족임을 알 수 있습니다. 게다가 국장의 맨 위에는 잉글랜드 시절부터 영국 왕들이 머리에 쓴 왕관을 배치해놓았습니다. 간략히 도해를 해보면 캐나다라는 나라의 기원은 영국에 두고 있음과 프랑스 민족에 대한 배려도 잊지 않았다. 뭐 그 정도일 겁니다.

그 와중에 방패의 아랫부분에 탈 민족적인 캐나다 고유의 지역 상징인 단풍잎을 그려놓는 현대적 센스를 발휘하기는 했습니다. 적어도 이 부분에서는 다문화주의의 코드를 읽어달라는 호소인 걸까요? 오늘날 단순하면서도 세련미 넘치는 캐나다 국기와 비교할 때 국장은 지나칠 정도로 장식적이며 과거 유럽의 역사적 이미지들로 가득합니다.

캐나다의 역사는 프랑크왕국으로부터 갈라지며 영주와 기사들이 활약했던 과거 유럽 왕실의 계보와 그리 유관하지도 않고 서유럽의 여느 나라들처럼 그 흔한 합스부르크 가문과의 혼인관계도 없는데 왜 이토록 저명한 유럽 가문의 역사를 떠올리게 하는 아이콘

캐나다 국민 속의 민족

에 천착하는지 모르겠습니다.

그럼에도 오늘날 캐나다 사회의 현실은 그들이 국장으로 향수에 젖는 기억과 달리 다문화적입니다. 밴쿠버와 토론토의 공항에 이제 막 입국해서 집으로 돌아가는 걸로 보이는 내국인들의 피부색과 생김새는 천차만별입니다. 터번을 쓰고 수염이 덥수룩한 이들은 인도나 파키스탄, 혹은 이란 같은 중동지역 사람들인 것 같고, 중국인과 유사한 동아시아 출신 사람들도 다수 보입니다. 그리고 동유럽계로 보이는 이들이 낯선 억양으로 얘기하는 소리도 들립니다.

현재 캐나다에는 중국인, 남아시아인, 흑인, 필리핀인, 라틴 아메리카인, 동남아시아인, 아랍인, 서아시아인, 일본인, 한국인, 태평양 원주민 등 162개 이상의 소수민족이 존재한다고 합니다. 흔히 비저블 마이너러티(visible minorities)라고 하는 유색인종 비율이 전체 인구의 22.3%로, 이들 중 대략 서아시아 국가 출신이 25.1%, 중국인이 20.5%, 흑인이 15.6%를 각각 차지한다고 하네요. 캐나다 통계청에 따르면 2036년까지 전체 인구의 1/3이 유색인종이 될 거라고 전망합니다.

이런 현실을 눈으로 보고 통계 자료를 확인하고서도 다시금 캐나다의 국장을 보면 나라의 인적 근본을 서유럽 문화사를 표시하는 심벌에 내면화했을지도 모를 그들의 주류의식을 훔쳐본 것 같은 느낌이 드는 건 어쩔 수 없습니다.

대외적으로 다문화주의를 표방하고 "세계는 더 많은 캐나다가 필요하다"면서 세계사의 모범 사례를 만들겠다고 하지만 그래도 주류는 유럽 혈통의 백인이라는 내재된 자의식이 언제 어떤 계기를 통해 어떤 형태로 드러날지 알 수 없다는 생각도 듭니다. 남의 나라 일이지만 워낙 열린사회를 지향하며 올바른 다문화주의를 선도한다고 하고, 우리 주변에서도 이민 선호국가로 손꼽힌다고 하니까 마냥 무심할 수 없는 노릇이기도 합니다.

그래서 이왕 세련되고 정치적으로 올바른 국가가 되려 하는 마당에 국장도 좀 스마트하게 손보라고 간섭하고 싶지만, 그래도 남의 나라 국장에 감 놔라 배추 놔라 할 일은 아니겠죠? 그들 나름의 생각으로 사자 놓고 백합 놨을 테니까요.

자연환경으로 치면 캐나다는 그야말로 축복의 땅이다.

석유와 각종 광물 등 천연자원에
삼림과 담수량도 풍부하다.

바다에서는 연어, 바다가재, 대구 등 많은 어종이 잡히고
대평원에서는 엄청난 양의 밀이 재배된다.

도로변 가까이 강물이 넘실거리는데도
범람이나 홍수 같은 자연재해가 없다시피 하고
산에 큰 불이 나더라도 주민들의 삶을 위협하지 않기 때문에
사람들은 그 또한 생태계가 치유하도록 내버려둔다.

캐나다인들 사이에 흔한 농담으로 만일 외계의 침공 같은
지구 종말 사건이 벌어진다면 마지막까지 버티는 곳이
캐나다일 거라 할 정도다.

이 보배로운 땅의 주인들은 애초에 누구였을까?

제6화

땅 주인은 누구?

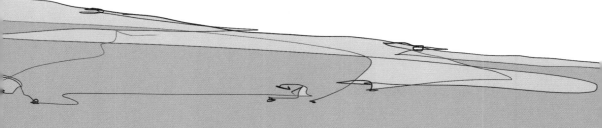

캬! 좋다.

퀘벡주, 퀘벡

학장님!

왜?

퀘벡이 무슨 뜻인지 아십니까?

뭔데?

원주민 말로 강이 좁아진다 는 뜻입니다.

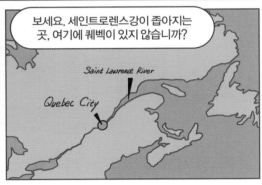

보세요. 세인트로렌스강이 좁아지는 곳, 여기에 퀘벡이 있지 않습니까?

Saint Lawrence River

Quebec City

그래? 프랑스 말이 아니었네?

하하하 프랑스어도 못하시면서 무슨…

넌 할 줄 아냐?

봉쥬~ 무슈 보르도 샹빠뉴.

까비네쇼비뇨흥?

등장하자마자 좀 맞을래?

캐나다의 지명들 중엔 정착한
유럽인들이 붙인 이름들도 있지만

킹스턴 Kingston

Montreal 몬트리올

노바스코샤 Nova Scotia

원주민들이 부르던 말을
이어받은 것들도 있습니다.

캐나다는 마을이라는 뜻의
'카나타'였다고 얘기했지?

예를 들자면 나이아가라는
'천둥소리를 내는 물'

토론토는 '물에 서있는 나무'라는
뜻을 가진 말에서 유래했죠.

하긴 인디언들이 또
이름은 재미있게 짓지.

그 왜 있잖냐? '늑대와
춤을'이라는 영화에서,

어떤 인디언 이름이
'주먹 쥐고 일어서'였잖아?

크하하하하 재밌어, 재밌어.

무식하게 인디언이 뭡니까?

너 시방 나더러 무식하다고 혔냐?

그럼요. 무식한 거죠. 요즘 누가 그런
역사적으로 오용된 멸칭을 씁니까?

아무래도 좀 맞아야 쓰겄다.

나도 안다고. 인디언이라는 말이 입에 붙어서 그런 거지.

알면 고쳐야죠.

알았다. 그럼 아메리카 원주민에 대해 한번 읊어봐.

예.

아주 먼 옛날 지금의 시베리아와 알래스카 사이에 있는 베링해협은 뭍으로 이어져 있었다고 합니다.

어?

이 길을 따라 아시아의 일부 사람들이 북아메리카로 건너갔을 걸로 추정하죠.

가자!

Go! Go!

언제 배웠다고 영어 하냐?

그러는 넌 한국어 하냐?

그리고 빙하가 녹고 베링육교가 사라진 후 그들의 후예는 대륙 곳곳에 흩어졌다고 합니다.

자기야, 길 끊겼대.

그래서? 흑심 품니?

좋아. 근데 그건 어디까지나 설이지.

그래도 가장 유력한 설입니다.

어쨌든 일부는 추운 북극 지역에 남았고,

그냥 여기 눌러 앉자.

일부는 대륙의 북쪽에,

이담에 미국 시민권이나 따자.

또 일부는 더 아래로 내려가 남쪽에 터를 잡았답니다.

따뜻한 데가 좋아.

세월이 많이 흐른 후 우리가 잘 아는 콜럼버스와 그 일당들은

인도로 가자!

1492년 자신들이 대서양 건너 도달한 대륙을 인도라고 단정지었죠.

여기 인도 맞아?

인도 가겠다고 하고 왔으니까 인도지.

유럽인들의 착각은 도를 넘어 그곳에 이미 살던 사람들마저 인도인이라고 부른 겁니다.

인디언!

인디오!

어디 와서 막말이여?

요즘은 원주민에 대한 역사인식과 아울러 명칭도 바로잡는 추세인데,

두 분 모두 기분 상하지 않을 이름을 찾겠습니다.

캐나다에선 처음 도래한 사람들이란 뜻으로 퍼스트네이션이라고 부르죠.

'First Nation'

그리고 북극지방 원주민들도 더 이상 에스키모라고 부르지 않습니다.

이누이트!

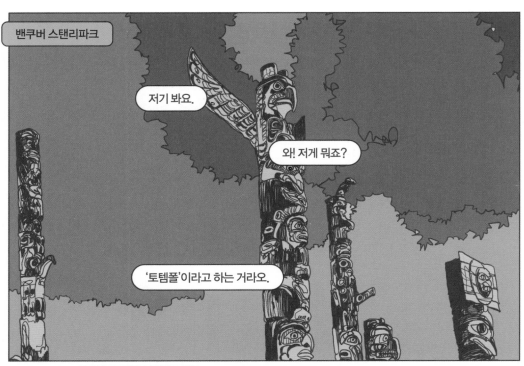

밴쿠버 스탠리파크

저기 봐요.

와! 저게 뭐죠?

'토템폴'이라고 하는 거라오.

원주민들의 조형물이죠.

그러고보니 공항에서도
비슷한 거 본 적 있어요.

옛날 원주민들은 부족 마을 입구나
집앞에 저런 걸 만들어 세웠다고 해요.

절하고 모시는 건가요?

흠… 동식물과 자연을 신성시한
원주민의 문화가 반영된 것이긴 한데,

숭배하는 신상은 아니고 자신들의 일이나 업적을 새겨서 과시하는 용도였다고 해요.

아! 일종의 기념비로군요.

지금은 원주민 예술가들에 의해 전통조각방식이 전승되고 있다오.

우리나라로 치면 인간문화재네요.

캐나다에 사는 원주민 숫자는 얼마나 되죠?

대략 140만 정도? 전체 인구의 4%가 안 될 거라오.

그들은 잘 살고 있나요?

잘 사는 사람도 있고 못사는 사람도 있겠지요?

원주민 등록을 하면 거주와 생활 지원을 받고 사냥이나 낚시도 자유롭게 할 수 있으니까요.

하지만 그들의 내면은 아무래도 밝진 않겠죠?

원래 조상들은 드넓은 대지에서 자유롭게 살았는데,

유럽에서 온 이주민들에게 밀려 터전을 잃고

보호구역에 살면서 명맥만 이어가고 있는 처지니까요.

이제 이 땅의 주인들은 대부분 타지로부터 온 이주민들이니까

원주민들 입장에서는 주객이 전도된 셈이네요.

버려진 신세야….

그런데 원래 원주민들은 땅을 소유 개념을 보지 않았다고 해요.

그저 자연이 준 선물을 함께 나누는 걸로 여겼다고 하지요.

물, 바람, 땅이 누구 거라고?

그래서 유럽인들이 낯선 땅에 발을 들였을 때,

추워!

배고픔과 풍토병으로 쩔쩔매는 걸 보고

아파!

현지에 적응하게끔 도움을 주기도 했대요.

된장 줄까?

그러나 점점 수가 늘어난 백인 이주민들은 이 땅에서의 항구적인 소유권이 필요했지요.

땅이 있으면 땅주인이 있어야지!

그게 누군데?

정하기 나름이지!

그들에게는 이러한 문제를 근대국가 출신답게 처리하는 노하우가 있지 않았겠어요?

대놓고 전쟁?

헐값에 사?

먹고 오리발?

사기 쳐?

뭐로 할까?

당시 정세의 패권을 쥔 대영제국은
원주민 부족장들과 조약을 체결했어오.

패권이 뭔데?

매사를 내 맘대로 하는 권리다.

깡패네?

조약 내용은 간단히 말해 대영제국은 헐값에
토지를 사들이고 원주민들의 거주지역을
제한한다는 거였지요.

땅값은 얼마에?

그것도 내 맘이지.

그때까지 원주민들은 땅에 대한 유럽인의
소유욕이 얼마나 무서운지 몰랐던 겁니다.

부동산 거래를 해봤어야 말이지.

뒤늦게 조약의 부당함을 알아챈 한 부족장은
회한을 담은 유언을 남기기도 했다오.

후세에 반드시 이 땅의
물과 바람까지 돌려받으라!

그래도 원주민을 무지막지하게 대했던
미국에 비해 꽤 세련된 방법을 썼네요?

뭐, 외양상으론 그랬죠.
협정이란 걸 맺었으니까.

하지만 가혹하고 패륜적인
과거사가 없었던 건 아니에요.

그래요?

요즘에야 캐나다가 모자이크 다문화
사회라는 점을 자랑스레 내세우지만,

19세기 후반부터 20세기 초까지 원주민을
다룬 방식은 무도한 '동화정책'이었다오.

캐나다 정부는 원주민 아동을 대상으로
기숙학교제도를 운영했는데,

먹이고 재우고 공부시킬 테니
애들 보내시오.

전국에 100개가 넘는 기숙학교는 부모의 동의와
무관하게 아동을 격리하는 시설이었어요.

보내기 싫다면?

좋게 말로 할 때 보내시오.

그 곳에 강제로 수용된 15만 명의 아동 청소년들은
유럽식 교육을 강요받았답니다.

영어로 쓰고 말하고 생각해라.

왜 우리말 쓰면 안 돼요?

교육이라는 명분으로 원주민 문화와 언어를
말살하려는 시도를 감행했던 거지요.

너희 것은 교양 없고
열등한 것이었다.

학대도 있었겠네요?

있었죠. 사망한 아동만 6천 명에
이른다고 집계됐을 정도니까요.

오늘날의 캐나다와는
사뭇 다른 어두운 과거네요.

기억하기 싫지만 반성하고
새겨야 할 역사이기도 하고요.

2008년에 스티븐 하퍼 캐나다 총리는 원주민 차별과
동화정책에 대해 공식적으로 사과했다오.

모두에게 씻을 수 없는 상처를 남긴 과오를
시인하며 깊이 사죄하고 반성합니다.

근데 언니, 그런 얘기 들었는데?

무슨 얘기?

요즘 토론토, 밴쿠버 등 대도시 금싸라기 땅주인은 대부분 중국계 이민자들이라는.

하하하 아시아계 이민자들이 땅값 집값을 올렸다는 자조 섞인 얘기가 나오긴 하지.

흠… 이제 다시 아시아인들이 캐나다의 땅주인이 된 건가?

그건 비약이 심하다.

하지만 분명한 건,

이제 캐나다에서 땅이든 문화든 어느 족속이 독점하거나 주도하지 않는다는.

으악!!! 제! 저…!

왜? 뭐??

나이아…가라.

가까이 다가갈수록 대자연이 포효하는 듯
장엄한 소리가 귓전을 때리고,

멀리서 보이던 물안개가
뺨을 적시고 온몸에 스며든다.

50미터 높이에서 쏟아지는 물기둥은
캐나다 쪽 말발굽 모양 폭포의 너비만 700미터가 넘고,
전체 길이는 1200미터에 이른다.

떨어지는 물의 양은 초당 200만 리터가 넘고
하루에 절벽을 타고 내리는 수량은
서울 인구가 한 달 동안 사용하는 것과 맞먹는다.

경이로운 광경은 사진, 그림, 영상,
어떤 것으로도 기록할 수 없다.

제아무리 솜씨 좋은 사진가나 천재 화가라도 속수무책,
그저 겸허하게 재주를 감추고 바라만 볼 것이다.

오직 그 자리에 서있는 것 말고 그 숭고를 어찌 경험할 수 있을까?

제7화

오! 나이아가라

언니, 나이아가라야! 나이아가라!!

웬 호들갑이니?

나이아가라 폭포 처음 보는 애처럼.

나 처음 보는데?

맞다. 너 캐나다 처음이지?

!

그래도 사진이나 영상으로 봤을 거 아냐?

실제로 보니까 달라!!

지금 보고 있는 건 별 다르지 않을 텐데?

아냐! 완전 달라! 완전!!

일단, 5대호 알지? 미국과 캐나다 국경에 있는 거대한 호수.

이 호수의 물은 합쳐지고 이어지면서 흐르는데 그 수량이 어마어마하지.

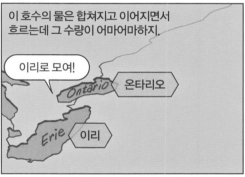

그리고 이리 호와 온타리오 호를 잇는 나이아가라 강 중간에 있는 게 나이아가라 폭포야.

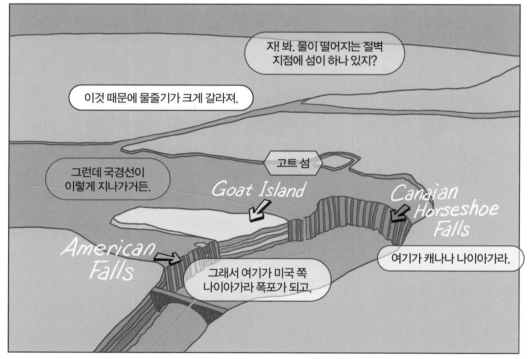

오오! 이건 진정한 클램 차우더 수프인데요?

어때요? 먹을 만한가요?

조갯살이 엄청 싱싱해요.

해산물 좋아해요? 캐나다에 있는 동안 싱싱한 해산물 많이 먹어봐요.

오오!

조개, 새우, 바다가재, 그리고 연어, 대구 같은 생선까지.

역시 해상대국답네요.

엥? 누가 그래요? 해상대국이라고?

아녜요?

아닌데?

태평양, 대서양, 북극해, 3면이 바다로 둘러싸인 나란데?

한편 북미대륙을 통째로 가진 나라요.

넓디넓은 내륙 평원에 장엄한 산맥, 산간, 초원은 어쩌라고?

아! 그러네요.

말 나온 김에 캐나다의 지형에 대해 설명을 좀 하도록 하죠.

옙!

캐나다 땅은 지극히 오래전
대부분이 빙하로 덮여있었다오.

빙하기가 끝나고 얼음이 녹아내리면서
침식과 퇴적을 거듭하는 등 지각변동을
겪으면서 현재와 같은 지형이 만들어졌지요.

아직 대규모 빙하가
남아있는 곳도 있어.

그렇게 조성된 다양한 캐나다의 지형은
크게 6가지로 분류할 수 있다오.

만년얼음과 툰드라 지역인
북극

장엄한 로키산이 뻗어있는
서부 대산맥

허드슨 만 저지대를 둘러싼
캐나다 순상지

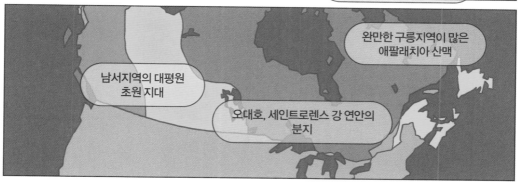

완만한 구릉지역이 많은
애팔래치아 산맥

남서지역의 대평원
초원 지대

오대호, 세인트로렌스 강 연안의
분지

설산, 빙하, 단풍, 호수, 폭포, 바다 등 캐나다엔
볼만한 자연경관이 너무 많지요.

하지만 그걸 다 보려면 한 철
여행으로는 불가능해요.

평생 살면서 구경해도 모자랄 걸요?

극지방의 신비한 오로라나

오오오!!!

동부의 고색창연한 단풍을 보려면 제철을 골라야 하고,

아아아…

밴쿠버 아일랜드에서 로키산맥, 퀘벡, 나이아가라까지 즐기려면

열심히 다녀보자.

서부에서 내륙을 가로질러 동부까지 종횡무진해야 한다오.

지도로는 요만큼 가는 건데,

차 타고 하루 종일 달려야 돼.

로키만 하더라도 알프스 산봉우리는 웃어넘길 정도의 눈 덮인 설산이 수없이 많지만

보다보다 이젠 지친다.

그 속에 있는 에메랄드빛의 호수를 보려면 얼음이 녹는 여름철에 찾아야 하니까,

꽁꽁 얼었다.

같은 데라도 한번 와서 본다고 본 게 아닌 거죠.

일용이네는 여길 걸어 들어갔다던데?

갸들은 추울 때 왔잖유?

설명 들으니 얼마나 큰 나라인지 감이 오네요.

어디서 자꾸 감이 나오지?

거기다 야생동물은 또 얼마나 많은 줄 아오?

밴쿠버 같은 도시 주변에도 여러 동물들이 서식하는데,

가까운 항구에서는 물개나 바다표범도 만나고

끼룩~

고래 관찰 프로그램으로 배 타고 나가면 범고래, 밍크고래, 흑등고래, 긴수염고래 등 여러 종 고래들도 볼 수 있다오.

와아아아!!!

또 로키산맥이 있는 앨버타주에서는 흔하고 쉽게 야생동물을 볼 수 있어요.

엘크,

뿔 달린 산양,

무스 같은 커다란 사슴,

캐나다 구스,

귀여운 비버,

까꿍~

운 좋으면 곰도 만날 수 있어요!

운 나쁘면 아닌가요?

근데 참! 나이아가라는 안 가나요?

아! 거기까진 안 갈 것 같은데요?

아쉽네요. 캐나다에 와서 나이아가라를 안 볼 거라니.

그렇게 대단한가요?

나이아가라는 단지 눈으로 관람하는 게 아니라오.

질주하듯 굽이쳐 흐르는 물과 하얗게 부서지며 쏟아지는 압도적인 물기둥에 시선을 빼앗기면서,

천둥 같은 굉음을 귀로 듣고,

뽀얗게 흩어지는 물안개를 온몸으로 느끼는,

그 광경은 도저히 사진으로 남길 수 없고, 그 경험은 말로다 설명할 수 없는 거라오.

나이아가라는 그런 거라오.

아무리 설명해도 이건 도저히 감을 못 잡을 거요.

나이아가라 폭포 관람은 무료입니다.

흔히 아프리카의 빅토리아 폭포, 남아메리카의 이구아수 폭포와 더불어 세계 3대 폭포라고 하지만 유명세로 따지면 단연 나이아가라가 독보적입니다. 굳이 폭포에 국한하지 않고 세계의 모든 절경들로 순위를 매긴다 하더라도 나이아가라는 손꼽히는 자연경관일 겁니다.

그런 명소이니만큼 전 세계로부터 끊임없이 수많은 관광객들이 찾는데 폭포를 구경할 수 있는 곳에 들어가기 위해 돈을 낼 필요는 없습니다. 물론 그 곳까지 가기 위한 교통비는 들 테고 만일 차를 운전해서 간다면 인근 주차장 사용료는 내야 할 겁니다. 그러나 폭포의 전체를 조망하는 곳이든 쏟아지는 물기둥이 뿜어내는 물안개로 지척에서 느낄 수 있는 지점이든 입장료를 내라며 막아서는 어떤 관문도 통과하지 않고 당도할 수 있습니다.

단돈 얼마라도 관람료를 받는다면 아마 폭포를 행정구역 내에 둔 지역 경제에 커다란 유익이 될 텐데 참 인심이 후하다는 생각이 듭니다. 그래도 유람선을 탄다거나 하는 특별한 체험을 하려면 비용을 지불해야 합니다.

이왕 나이아가라에 간 김에 시간에 구애받지 않고 머물고자 한다면 밤이 되어도 폐장이라는 게 없기 때문에 야간 조명으로 또 다른 멋을 내는 폭포를 원하는 만큼 바라볼 수 있습니다.

나이아가라의 원래 자리는 지금의 위치가 아니었습니다.

그리고 세차게 흘러 땅을 부수며 이동해 먼 훗날에는 또 다른 곳에 있게 될 겁니다.

나이아가라 폭포는 초당 3천 톤이 훨씬 넘는 물을 떨어트립니다. 1시간 동안 쏟아지는 물의 양은 서울 인구가 하루 종일 물 낭비해도 되는 양과 맞먹는다고 합니다. 두려움이 느껴질 정도로 무너져 내리는 물이 할퀴고 지나가는 괴력을 땅과 암석이 어찌 견뎌낼지 궁금했는데 아니나 다를까 나이아가라는 침식으로 인해 꾸준히 후퇴하고 있다고 합니다. 아주 오래전 맨 처음 폭포가 있었던 지점은 지금 위치로부터 무려 11킬로미터 떨어

후퇴하는
나이아가라

진 곳에 있었다고 하는데 폭포를 구경한 다음 물길을 따라 이동하다 보면 거센 유속이 깎아낸 지형을 발견할 수 있어서 과연 그러했겠다 싶은 생각이 듭니다.

캐나다 사람들은 기술력을 동원해서 나이아가라가 후퇴하는 속도를 줄였습니다. 하지만 물과 흙이 다투고 부비며 자기네 길을 내는 자연의 힘 앞에서 인력은 역부족이라 나이아가라를 계속 구경하기를 바라면서 후퇴를 아주 막을 방법을 찾아낼 순 없을 겁니다.

오늘날과 같은 거대한 말발굽 모양의 나이아가라를 볼 수 있는 우리는 그것만으로도 행운의 시대를 살고 있는 걸 겁니다.

살아서 한 번은 봐야 한다는 비경 나이아가라를 보기 위해 매일같이 세계의 사람들은 캐나다와 미국 간 국경 지역으로 몰려듭니다. 넋을 잃고 바라보거나 떼를 지어 왁자지껄 구경하는 사람들 숫자가 어찌나 많고 그 모습들이 각양각색인지 폭포 난간을 따라 발걸음을 옮기다 보면 꼭 한 번은 근처 어딘가에서 "나이야! 가라!"는 우리말 농담으로 떠드는 소리가 들립니다.

사람들을 불러 모으는 건 뭘까?

아무리 좋은 땅에 좋은 것들이 많아도 그곳의
이야기를 전해주는 이가 없다면 누가 알아서 찾아갈까?

탐험가가 아닌 이상 구경하러 가고 살기 위해 거처를 찾는 사람들은
소문을 통해서건, 어디에 난 기사를 통해서건,
혹은 친구를 통해서건, 무슨 이야기라도 들었을 법하다.

그리고 아무리 대단한 소문이라도 작심하고 발걸음을 뗀다면
그 이야기가 믿을 만하거나 구미가 당기게 하는 매력이 있어야 한다.

이야기가 믿을 만하고 끌린다면 그건 전달하는
이들의 재주와 자질이 좋을 이유일 테다.

물론 애초에 이야기의 소재가 된 곳에 뭐라도 좋은 게 있어야 할 테지만,
믿을 만하고 재주 많은 이야기꾼들은 특별한 걸 더 특별하게 만든다.

어느 지역에 관한 소문이 좋게 났다면 소박한 시민들, 저널리스트,
홍보 전문가들, 그리고 지자체나 더 나아가 국가,
대체로 그들 모두가 이야기를 잘 찔어 다듬은 입방아였던 셈이다.

캐나다는 입소문이 잘 난 곳이다.

제8화

사람을 모으는 이야기

여기가 개스타운이군요.

밴쿠버 구시가지
개스타운

오! 어떻게 알아요?

저 시계 보고 알았죠.

아! 스팀 클락!

밴쿠버 다녀온 사람들은 너나 할 것
없이 다 저걸 찍어 올리더라고요.

"여긴 밴쿠버 개스타운" 이러면서.

저거 증기로 움직인다면서요?
시간 되면 증기 뿜고 소리도 낸다던데?

맞아요.

그래서 동네 이름이
개스타운인가보죠?

그건 아니라오.

'개스'는 저 양반
별명에서 따온 거라오.

누군데요?

존 데이턴. '개시 잭'
으로 불린 사내죠.

개스타운의 파운딩 파더?
뭔가 위인이었나요?

"GASSY JACK"
1830 - 1 75
THE FOUNDING FATHER OF GASTOWN
JOHN DEIGHTON WAS BORN IN HU ., ENGLAND. HE WAS A
ADVENTURER, RIVER BOAT PILOT ND CAPTAIN, BUT BES
KNOWN FOR HIS "GASSY" MONOLOGU AS A SALOONKEEPER.

대단한 업적을 남긴 건 아니고,
그저 이 동네 술집 주인이었다오.

그런데 왜 마을을 건설한
인물이라고 동상까지?

어쨌든 사람들을
불러 모았다고 하니까.

어떻게요?

'gassy'가 무슨 뜻이겠어요?

개시? 가스?

방구를 많이 꼈나?

방구 끼면 사람들 모여요?

허풍선이라는 의미잖아.

입심 좋은 동네 아재였던 거겠지.

맞아요!

유쾌하고 입담이 좋아 호인으로 통했나 봐요.

그런 기질 덕에 업장 주변으로 상권과 타운이 형성되었다고 해요.

허풍으로 마을을 세웠네.

마을 이름도 그의 별명을 따서 개스타운이 된 거고요.

별명으로 상표등록 이라도 해놓을걸.

Gastown

재밌네요. 한 사람의 성품과 말재간으로 일군 마을이라니.

입소문이 때론 큰 일을 내기도 하죠.

애초에 밴쿠버도 그랬다오.

거긴 또 뭐가?

부풀려진 소문이 사람들을 불러모았죠.

지금이야 밴쿠버가 토론토나 몬트리올 등과 어깨를 나란히 하는 대도시지만

캐나다의 수도는?

밴쿠버!

바보야. 몬트리올이지.

19세기 중후반까지 유럽 이주민들이 거의 살지 않는 곳이었다오.

여기 땅 사두면 집값 엄청 오를겨.

언제?

100년 뒤에.

그런데 1858년 골드러시가 터졌어요.

프레이저 강에서 금이 나온단다!!

그게 어딘데?

윗동네 서쪽!

소문이 나자 온 데서 사람들이 몰려들었어요.

넌 어디서 왔어?

캘리포니아.

금 찾아 떠도는 팔자구먼.

금은 소문만큼 많지 않아 대부분은 재미를 못 봤지만

차비도 못 건졌네.

온 김에 눌러 앉은 이들이 터전을 일구어서

딴 데 갈 처지도 못 돼.

도시를 만든 거였죠.

집값은 오를겨.

언제?

결국 다 사람들이 만드는 이야기야.

'살기 좋은 곳', '행복한 나라' 같은 것들.

작은 이야기들이 모여서 평판과 이미지가 만들어지지.

때론 부풀려지기도 하면서.

그리고 이야기에 이끌리는 사람들이 많아지면 그 자체로 유행이 되는 거야.

'캐나다는 살기 좋은 나라',
'캐나다는 이민 가고 싶은 나라'

그런 이야기들도 어쩌면.

예전의 골드러시처럼 널리
전해진 이야기일지도 몰라.

워~워! 가만!

지금 캐나다의 평판이
부풀려졌다는 말이오?

캐나다의 복지와
환경은 팩트라오.

물론 다 사실이겠죠.

복지, 교육 환경, 다문화,
좋은 공기, 깨끗한 자연,

제 말은 그것들이 허풍
이라는 게 아니에요.

그 사실들이 잘 짜여져 근사한
이야기의 소재가 된다는 거죠.

어떤 근사한 이야기?

오늘날 캐나다 판타지요.

거봐! 판타지라는 게 허구라는 말 아냐?

답답하시네.

판타지는 긍정적인 이미지의 서사예요.

그게 뭔 소리래?

같은 사실도 어떻게 편집되고 전해지느냐에 따라 달라져요.

지루한 사실로 남거나, 활기찬 판타지가 되거나.

오늘날 캐나다는 그런 점에서 성과를 거두고 있는 거 아닐까요?

정부와 주민들, 그리고 이민자들에 이르기까지,

캐나다에 관한 이야기를 전하는 사람들의 유쾌함.

캐나다는 그 분위기를 잘 조성한 것 같아요.

캐나다에서 10년을 산 사람으로서 이제 막 캐나다에 발을 들인 자네한테 하는 얘긴데,

너 좀 맘에 안 들어.

프린스 에드워드 아일랜드 주
캐번디시

꺄!

초록 지붕! 그린 게이블스야!

앤이 살았던 집!

『빨강머리 앤』 읽었어?

그럼요. 하도 어릴 적에
봐서 기억은 잘 안 나지만.

그리고 난 앤이 살았던 이 집이
캐나다에 있는 줄도 몰랐어요.

소설 속 마을 에이번리의 실제 배경이
여기 캐번디시와 이웃 마을 샬럿타운이야.

작가인 루시 모드 몽고메리가
나고 자란 고향이기도 하지.

어머! 작가도 캐나다 사람?
난 여태 미국작가인 줄 알았네?

너 안 읽었지?

왜 이래요? 내가 앤을
얼마나 좋아했는데?

그래? 그럼 앤을 왜 좋아했어?

그냥 좋았어!

그냥?

귀엽고, 발랄하고.

왠지 나랑 잘 맞는 소녀일 것 같고.

대충 읽고 감정이입만 했군.

대충?

너 한 번밖에 안 읽었지?

응.

그건 앤에 관한 소문만 듣고 끌린 거나 같아.

읽었다니까!!

난 스무 살이 넘어서 다시 읽었어. 그때 알게 됐지.

Anne of Green Gables · 빨강 머리 앤

앤이 왜 그렇게 좋았는지.

빨강 앤

그리고 앤을 키운 가족들이 왜 그토록 매력적이었는지.

입양되어 자랐지만 줄곧 자기 모습을 잃지 않고 명랑했던 앤.

더하지도 덜하지도 않게 진솔한 태도로 앤을 대했던 마릴라 아줌마.

그리고 매슈 아저씨의 잔잔한 애정.

첫 만남은 순조롭지 않았지만

남자아이라야 하는데.

아앙~!

때론 편들어주기도 하고,

애가 못생겼네.

사과하세요.

서로에게 솔직하게 바라면서

요즘 유행이 아녜요.

유행이 밥 먹여주니?

천천히 애정을 쌓으며 공유하는
삶의 폭을 넓혀 나갔고,

학교에서 길버트 머리를 갈겼어요.

어쩌자고?

로코의 정석이에요.

속에 담아두었던 추억도 나누게 됐지.

길버트네 아저씨랑
막 그랬던 사이라고요?

막 상상하지 마라.

앤의 삶이 성공적이었던 건 각별한
보살핌과 유익한 환경 덕이었을까?

아냐?

그냥 운이 좋았던 거야.

엥?

자신과 서로에게 솔직하면서
억지로 합하려고 애쓰지 않고

각자가 어차피 겪을 에피소드들을
찬찬히 지켜보며 나누었을 뿐이야.

'연인의 산책로'

'유령의 숲'

서러움 중에 가장 뼈아픈 서러움은 아파서 겪는 설움일 거다.

아픈 것도 서러운데 만일 치료할 돈이 없어서
병이 깊어져 죽음에 이르는 동안 손 쓸 방도가 없다면 그 설움이 어떨까?

똑같이 아픈데도 다른 이가 더 좋은 치료를 받을 때
나는 적합한 약이나 시술을 받을 처지가 못 되어 겪는 설움은 어떨까?

내가 아플 때도 그렇지만 내 아이와 가족이 그런 고통을 겪는다면
누구든 무엇이든 그런 상황이 되게 만든 것에 대해 이를 갈며 원망할 거다.

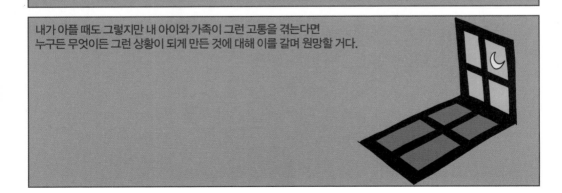

국가나 사회는 되도록 그런 원망이 없도록 해야 한다.

제9화

부디 잘 지키길

브리티시컬럼비아 주
밴쿠버 섬 남단 빅토리아 시

캐나다는 어딜 가나 정말…

경치 하난 끝내주네요.

호호호호 그렇죠?

여기 빅토리아가 특히
예쁜 곳이기도 하다오.

캐나다 사람들 사이에서도 은퇴 후에
살고 싶은 동네로 손꼽히는 데지요.

집집마다 꽃과 나무들
참 잘 가꿔놓았네요.

저렇게 관리하는 게
보통 일 아닐텐데.

호호호 걱정 말아요.

대부분 돈 주고 맡기니까.

여러 집들과 계약해서 꾸준히 정원 관리를 해주는 조경 업체들이 있다오.

어쩐지!

그럼 집주인들이 부자겠네요?

맞아요. 이른바 부촌이죠.

흠… 캐나다에도 부자 동네는 있군요.

당연하죠. 캐나다도 사람 사는 곳인데.

아무리 캐나다가 평등한 사회라 할지라도 세상 어디에나 있는 빈부차가 없을 리 없죠.

하지만 나 같은 이민자나 소시민들이 상대적 박탈감을 느낄 일은 별로 없다오.

왜죠?

일단 기초적인 삶에서 재산과 소득의 차이에 따라 달리 취급받을 일이 없기 때문이라오.

대표적인 예를 두 가지 들자면,

캐나다에선 누구나 배울 만큼 배울 수 있고

아프면 돈 들이지 않고 치료받을 수 있다는 거죠.

흔히 '캐나다의 복지' 하면 가장 먼저 떠올리는 게 의료제도인데,

대원칙은 모든 국민의 건강과 질병은 국가가 책임진다는 거라오.

그러니까 모든 의사는 국가공무원이나 다름없고

돈 잘 버는 개업 의사 따로 없어.

모든 의료 시설 또한 공공자원이기에

소문난 사설 병원 따로 없어.

누구나 무상으로 진료 받고 이용한다는 인식이죠.

돈 내는 환자 따로 없어.

FREE

그럼 캐나다 병원에선 모두 무료라는 말이에요?

응, 공짜.

특별한 약이나 치과, 안과 말고는 돈 낼 일이 없다오.

아예 안 내요?

응, 아예.

내시경이나 초음파 검사는?

공짜.

MRI, CT도?

공짜.

임신, 분만도?

공짜.

애가 아파도?

공짜.

노인 질병과 간병도?

공짜.

설마 수술도?

공짜.

희귀병 난치병 치료도?

어디까지 할 거요?

그럼 의료보험료를 엄청 많이 내는군요?

아닌데?

주별로 다르긴 한데 아예 보험료를 안 내는 주도 있다오.

오오!

소득이 적으면 안 내기도 하고.

부자가 빈자나 모두에게 공평한 의료혜택이 주어진다는 얘긴데,

그렇죠.

그럼 사설 보험에 가입한다거나, 돈을 더 들이는 부자들은 없나요?

왜요?

좀 더 나은 의료 서비스를 받으려고요.

그런 것 자체가 없다니까요.

사회에서 부자가 차별적으로
누릴 수 있는 게 뭘까요?

뭐 사치를 할 수는 있겠죠.

캐나다에선 딱히 사치로
티를 낼 일도 없긴 하지만.

어쨌든 의료와 같은
기본 삶의 영역에서는

만인이 공평해야 한다는 것이
캐나다 사회의 주된 인식이라오.

그건 또 어쩌면…

모두가 공평하게 의료 서비스의 수준
저하를 참아내야 하는 걸지도 모르죠.

그리고 캐나다에서는 돈으로 누리지
못하는 걸 딴 데 가서 누릴 수는 있죠.

이 청년 또 삐딱하게 나오네?

아주머닌 건강검진 받으러
한국에 가신 적 없나요?

주변분들 중 종합검진 받으러
한국 가는 경우가 있을 걸요?

……

왜? 캐나다엔 그런 종류의
서비스라는 게 없으니까요.

…….

제 말이 틀렸나요?

…….

의사들은 더 많은 환자를
본다고 얻을 실리가 없으니

정해진 월급,
오늘 할 일 마감!

환자들은 오래 기다리는
일이 다반사일 거고.

MRI검사 6개월
기다리세요.

곧바로 전문의 상담을
받기도 어렵죠.

패밀리닥터를
거쳐서 예약하세요.

어지간해선 약 처방도
잘 안 해줄 테니

잘 먹고 쉬는 게 약이여.

가벼운 질병은 자력으로
참아서 낫는다 쳐도

여기까진 불만 없어.

내 상태를 자세하게 설명들을
기회조차 갖기 어려우니

나 위로해줄 의사
찾고픈 욕심은 어쩌나?

내 몸, 내 가족 건강 위해 맞춤형 의료를 바라는 사람이 없을까요?

그리고 그런 바람을 이기적 이라고 비난할 수 있을까요?

또 보편 의료서비스를 추구하다가 자칫 의료진의 평균수준이 낙후되면

결국 국민들의 건강권마저 위태로워지지 않을까요?

이봐! 이혼당한 젊은이.

이혼 아니라니까요.

뭐 어쨌든 외로워서 잔뜩 삐딱해진 친구.

지금 자네가 하는 말을 옛날 1960년대 캐나다 의사들도 했어.

국민의료복지에 반대하며 파업을 했던 의사들 말이야.

…!…

캐나다 무상의료시스템은 1962년 서스캐처원 주지사였던
토미 더글라스의 제안으로부터 시작됐어.

가난 때문에 질병과 고통을 못 벗어나고
생명을 잃는 사람은 결코 없어야 한다!

Tommy Douglas →

진보 정당이었던 신민주당의
초대 당수이기도 했던 정치인이지.

진보 보수 따질 문제가 아냐.

어릴 적 그는 다리를 다쳐 절단 위험에 처했을 때
의료진의 무료 치료 덕을 본 적이 있어.

탐구 정신이 투철한 의사를 만났지.

그가 주정부 정책으로 보편의료복지 도입을
제안했을 때 의사들은 맹렬히 반대했어.

의료 체계가 붕괴될 것이다!

자신들의 수입이 줄 거라는 우려를
굳이 감추지도 않았어.

의사들 사기 떨어지면
결국 누가 손해볼까?

의사들이 파업하고 환자와
주민들은 당황했지만

병은 누가 고쳐?

주지사가 알아서 하겠지?

의대는 나왔대?

더글라스는 뜻을 굽히지 않았어.

난 굽힐 수 없어!

왜?

허리가 안 좋아.

무상의료의 취지를 계속 알리면 언젠가 꼭 국민적 공감을 얻어낼 거라고 믿으면서

가난한 자들뿐 아니라 모두를 위한 것입니다!

파업으로 인한 의료 공백은 영국 등 다른 나라에서 의사들을 데려와 매웠지.

세상은 넓고 의사는 많다.

허를 찔렸다.

결국 뚝심으로 밀어붙인 더글라스의 정책은 주에서 시행되었고

일단 해보자!

SASKACHEWAN

차츰 제도가 실효를 거두면서 예상됐던 불안 요소도 사라졌어.

생각보다 벌이가 안 주네?

넌 어차피 그만큼 벌 실력이었거든.

서스캐처원 주에서의 성공에 힘입어 캐나다 연방정부가 나서서 모든 주가 이 제도를 도입할 것을 권했지.

무상의료제도는 미래에 캐나다의 핵심 브랜드 요소가 될 것이다!

토미 더글라스는 캐나다 보건 의료 복지의 아버지로 불리며

의대도 안 나온 양반이 말이여.

CANADA HEALTH

가장 위대한 캐나다 정치인으로 선정되기도 했어.

캐나다 이미지에 딱이야.

어때? 젊은이.

…….

물론 캐나다의 의료 보험이 완전하진 않아.

의료진 부족 등 보완해야 할 점도 있어.

하지만 캐나다는 적어도 이 땅에서 병 걸린 자가 가난 때문에 생을 포기하도록 방치하진 않을 거야.

그런데 그거 하난 인정하지.

한국의 의료보험 또한 남부럽지 않다는 거.

얼마나 균형 잡히고 잘 된 제도인지.

그러니까 말이야.

부디 잘 지켜내라고.

캐나다의 노바스코샤 주를 비롯한 대서양 연안 뉴브런즈윅 주,
프린스에드워드 아일랜드 주, 뉴펀들랜드 래브라도 주를 다니면
여기저기서 캐나다 국기나 주기가 아닌 또 하나의 깃발이 나부끼는 걸 보게 된다.

배색은 푸른색, 흰색, 붉은색. 흡사 오늘날의 프랑스 국기처럼 보이지만
그 깃발의 왼쪽 상단에는 작은 별 하나가 또렷이 빛나고 있다.

그리고 그 깃발은 미국 루이지애나 지역의 곳곳에서도 볼 수 있다고 한다.

이 깃발의 정체가 궁금해서 그걸 게양하고 의미를 기억한 채 살아가고 있는
사람들의 이야기를 추적하다 보면 캐나다 역사에서 매우 비중 있는 서사를 만나게 된다.

예전에 캐나다 땅을 일구며 살았고, 미시시피 강 유역의 미국 땅에서도 살았던,
그 사람들이 기억하는 자기들을 규정했던 이름이 있다.

제10화

아카디아

노바스코샤주
그랑 프레

에반젤린 알아?

뭐데? 옷 브랜드야?

이런 무식한….

롱펠로우가 지은 서사시잖아.

한 여인의 지고지순했던 사랑과 아픔,
그녀의 종족이 겪은 비극을 노래한.

롱펠로우는 귀에 익은데?

헨리 워즈워스 롱펠로우.
19세기 미국 시인이잖아.

'인생찬가'라는 시는 너도 알 텐데?

슬픈 사연으로 내게 말하지 말라.

인생은 한갓 헛된 꿈에 지나지 않는다고.

잠자는 영혼이 곧 죽음이나니,

만물은 보이는 대로가 아니어라.

……

관두자.

배고파.

먹는 것만 찾고 문학을 몰라.

배고파.

홍설록은 이런 애 어디가 좋다고??

아! 설록이.

설록이는 지금쯤 어디에 있을까?

걔들은 저~~기.

우린 여기.

너무 멀다.

같은 캐나다에 있는데도 누군 태평양을, 누군 대서양을 바라보고 있다니.

왜 서글퍼?

배고프다니까요.

우린 언제 서쪽으로 가요? 어디쯤에서 만나요?

후후후후 연인을 만나지 못하는 기구한 운명이여.

솔직히 말해. 보고 싶지?

좀…

배고프니까 좀 더, 게다가 당장 만날 수도 없으니까.

크~~ 에반젤린 났네. 났어.

에반젤린이 대체 뭐야?

얘기했잖아? 롱펠로우의 시라고!

근데 내가 왜 시야?

시 제목, 에반젤린이 여자 이름이라고!!!

사랑하는 이와 강제로 이별 당하고 평생을 그리워한 비운의 여인.

배고픈 거랑 상관없는 얘기구만.

근데 캐나다 와가지고 왜 미국 시인 얘길 해?

그 시의 주인공 에반젤린과 가브리엘의 고향이 여기였거든.

그리고 롱펠우가 노래한 것이 여기 살았던 사람들의 삶이었어.

평화로운 땅을 일구고 살다가, 강제로 추방당하고 죽임을 당했던.

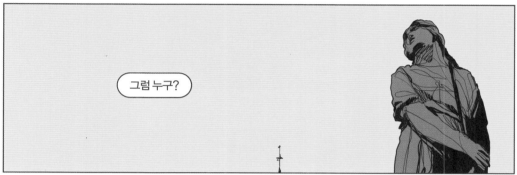

아카디아는 프랑스인들이 처음으로 캐나다 땅에 조성한 정착지입니다.

뭐?

오늘날 퀘벡 주 일부와,

프린스 에드워드 아일랜드, 뉴브런즈윅, 노바스코샤 주에 해당하는 지역이죠.

뜬금없이 무슨 얘길 하는 거냐?

왠지 아카디아 이야기를 해야 할 타이밍이라는 느낌이 확 들어서요.

학장님, 지금 드시고 있는 게 뭡니까?

이거? 케이준 샐러드?

그 '케이준'이 원래는 아카디안입니다.

케이준이 아카디안?

예, 사람들 입에 오르 내리며 와전된 것이지요.

흠… 내가 알기로,

케이준은 미국 루이지애나 지방에서 유래한 스타일인데?

132

그래도 좀 아시네요?

나 사회학 박사다.

저도 박사인데?

난 학장, 넌 내 밑에 교수.

지식에 서열이 어디 있습니까? 그리고 전 이 만화 주연급인데.

누구 맘대로?

암튼, 그럼 루이지애나에 대해 아는 만큼 읊어 보시죠.

버릇없이 굴지 마라. 누구더러 읊어라 마라야?

그럼 제가 하겠습니다.

루이지애나는 루이의 땅이라는 뜻이다.

17세기 후반 프랑스 사람 라 살이 미시시피 강 유역을 탐험함으로써 역사의 무대에 등장한 곳이지.

오! 이토록 쓸모없는 땅을 다 보았나?

그는 이 땅을 프랑스 국왕 루이14세에게 헌정하면서 이름 붙였어.

왕한테 생색 내기에 딱이다.

근데 우리 캐나다 편에서 왜 미국 역사 얘기하나?

다 돌아 돌아옵니다. 계속하세요.

당시는 영국이 이미 대서양 연안에 아메리카 식민지를 건설한 무렵이었지.

좋아요. 계속~

1607년에 제임스타운을 기점으로 건설한 버지니아 식민지.

청교도들보다 우리가 더 빨랐어.

1620년 메이플라워호를 타고 온 이들이 폴리머스를 중심으로 세운 뉴잉글랜드.

폴리머스는 지금의 보스턴이야.

북쪽 캐나다 지역에서는 대구 황금어장과 모피무역을 놓고 두 나라가 경쟁하고 있었어.

누벨 프랑스다. 넘보지 마라!

넘보는 게 우리 취미다!

그러던 와중에 라 살이 1678년 아메리카 중서부 지역을 루이지애나라고 선언했지만,

쓸모없는 땅, 찜하고 본다!

주로 동부 해안에 정착했던 이주민들은 내륙의 황무지에 별 관심이 없었지.

누가 저기 가서 언제 땅 파서 살아?

그런 사정은 프랑스 본국도 마찬가지였어.

찜해놓은 땅 어디에 쓰나?

이담에 허무하게 팔지 뭐.

뭐 그러면서 우여곡절 끝에

스페인에게 줬다가 도로 찾았다가…

훗날 나폴레옹이 미국에게 팔아치웠다 뭐 그런 얘기 아냐?

자! 그럼 여기서 더 많이 아는 제가 이어받겠습니다.

18세기까지 루이지애나는 정착민이 부재한 모피무역의 거점일 뿐이었는데,

요새 지어놓고 보초 서는 게 일이여.

1755년 이후 개간과 농사 경험이 풍부한 사람들이 이 곳에 몰려들게 됩니다.

몹쓸 땅이지만 살러 왔소.

그들은 참 기구한 사람들이었죠.

어디서 왔소?

몹쓸 땅 가꿔서 살 만했는데 쫓겨나서 또 몹쓸 땅에 왔소.

바로 아카디아에서 온 사람들이었습니다.

호적은 프랑스지만 주민등록은 아카디오.

LOUISIANA 전입 신고

17세기 초 아카디아는 애초에 프랑스 이주민들에 의해 세워진 정착지였지만

꿋꿋하게 살아 보자.

주민들은 차츰 스스로를 프랑스인이 아닌 새로운 정체성, 즉 아카디안으로 규정했습니다.

이렇게 꿋꿋하면 프랑스인이 아니지.

프랑스 본국도 영국과 다투는 동안 퀘벡 지역에 주력하면서 아카디아에는 다소 소홀했죠.

쟤들은 너무 꿋꿋해서 정이 안 가.

아카디안들은 척박한 땅을 개간해 농사를 지었고 뉴잉글랜드와 교역을 하면서 나름 평화롭게 살았습니다

더 바랄 것도 없네.

그들은 영국과 프랑스가 본격적으로 맞붙었을 때 어느 편도 들지 않았죠.

모국이 밀리는데 안 돕니?

우린 중립!

그런데 전쟁에서 거듭 승리한 영국은 아카디아를 고운 시선으로 보지 않았습니다.

쟤들 근본은 프랑스 아냐?

대영제국에의 충성을 집요하게 강요하던 영국은

아무래도 눈엣가시야.

급기야 강제 추방령을 내렸고,

집 빼!

중립은 딴 데 가서 해!

아카디안들은 하루아침에 잘 살던 고향을 등져야 했습니다.

살 만하게 꾸몄는데 권리금도 못 받고.

대추방령은 가혹했습니다. 숱한 가족들이 뿔뿔이 생이별 당하는 고통을 겪었죠.

군인들이 마을도 불태웠어.

그들 중 상당수가 피신해 찾아간 곳이 바로 루이지애나였던 겁니다.

프랑스 땅이면서도 프랑스한테 취급 못 받는 땅이 여기 또 있네.

루이지애나에서 그들은 다시 고단한 생을 참아내며

꿋꿋하자!

아카디안의 정체성을 살린 독특한 문화를 만들었는데

미국 남부에 현지화했어.

바로 케이준 스타일이죠.

어딘지 꿋꿋한 맛이야.

에반젤린은 사랑했던 연인 가브리엘과 결혼식을 올린 그날 헤어져야 했어.

영국군이 가브리엘과 마을 남자들을 어디론가 잡아간 거야.

가족마저 잃은 그녀는 정처 없이 떠돌면서 남편과의 재회를 바랐고,

늙어서 마침내 그를 다시 만났지만

이미 병든 가브리엘은 그녀의 품에서 숨을 거뒀어.

저기 보이지?

처연하게 어딘가를 바라보고 서 있는,

에반젤린이야.

얼마나 오랫동안 우리는 그들을 잘못된 이름으로 불러 왔는가?

그들은 인도에 살지도 않았음에도 인디언으로 불렸고,

대륙에 발을 딛고 정착한 처음 사람들이었음에도.

새로 발견한 대륙에 비로소 정주문명의 씨를 뿌렸노라
주장한 자들의 역사에서 늘 객체로 다루어지는 듯 했다.

이제 와서 그들을 대륙의 원래 주인이었다고 인정하고
올바른 새 이름으로 부르겠다고 한들 무엇이 크게 달라지겠냐만.

철심으로 새기고 펜촉을 눌러 기록한 역사에
크고 장황한 모습으로 등장하지 않더라도.

서막의 주인공은 여지없이
그들이어야 한다.

제11화

역사의 서막

밴쿠버 섬, 빅토리아 시
브리티시 컬럼비아 주의회 의사당

저기 서 있는 동상, 왕관 쓴 여인은
당연히 빅토리아 여왕이겠지?

그렇겠지?

그런데 말이야.

브리티시 컬럼비아는
엄청나게 큰 주잖아?

대한민국 남한 면적의
9배 정도라더라.

근데 왜 본토의 밴쿠버를 두고 이 작은 섬
남단의 빅토리아를 주도로 삼았을까?

밴쿠버 섬 크기가 제주도의
스무 배가 넘는데 뭐가 작아?

주 전체에 비해 작다고!

더 작은 섬들도 많아.

너 자꾸 삐딱하게 굴래?

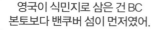
영국이 식민지로 삼은 건 BC 본토보다 밴쿠버 섬이 먼저였어.

허드슨 베이 컴퍼니가 빅토리아에 요새를 설치했거든.

허드슨 베이 컴퍼니는 뭔데?

동인도 회사의 북아메리카 버전이라고나 할까?

모피 교역을 독점하려고 영국이 세운 회사이자 북아메리카 식민 통치의 대행사 같은 거였지.

모피? 무슨 모피?

비버.

그 왜 디카프리오 나온 영화 〈레버넌트〉 보면 모피 수집상들 나오잖아? 그게 비버 모피일걸?

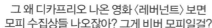
캐나다 역사에서 비버가 엄청 중요한 아이템이래.

영국과 프랑스 간의 전쟁을 모피전쟁으로 부르기도 한다니까.

왜 하필 모피였대?

그거야 난 모르지.

…….

…….

수길이 형이 알겠군.

노바스코샤 주
할리팩스, 페기스 코브

언니, 근데 노바스코샤가 혹시…

뉴 스코틀랜드라는 뜻 아니에요?

오오! 강가영! 어떻게 알았지?

딱 보면 알지.

공부 좀 했나 보네?

아니, 노바스코샤 주 깃발을 보니까
스코틀랜드랑 모양과 색이 비슷하더라고.

거기다 주 이름이 노바는 뉴,
스코티아는 스코틀랜드니까.

New → NOVA
Scotland SCOTIA

역시 눈치 하나는.

눈치가 아니라 센스와
직관이라고 해줄래?

좋아! 그럼 퀴즈 한번 내 볼까?

퀴즈?

뉴펀들랜드 래브라도 주에서

뉴펀들랜드의 뜻은?

New foundland

새로 발견한 땅?

오호! 제법인데?

그럼 다음 문제.

몬트리올은?

Montreal

음… 몬트…몽…

이건 좀 어려운 걸?

MON…T REAL

리올… 레알…?

아! 몽레알!

마운틴 로얄! 왕의 산!

Mountain Royal

오오오!

완전 천재다!!!

음하하하하

자! 그럼 또 다음 문제!

긴장된다.

다음은…?

두근두근…

…….

문제 안 내?

생각 안 나.

역사 빵점이로군!

그러는 너는?

캐나다 역사 누가 잘 알까?

수길 오빠가 알겠지.

때가 된 것 같습니다.

무슨 때?

제가 나설 때요.

나서긴 어딜 나서?

이제 본격적으로 캐나다 역사 이야기를 해야지 않겠습니까?

그걸 왜 네가 해야 하는데?

그럼 학장님께서 하시던지요?

내가?

자! 시~작.

흠…흠.

아주 먼 옛날 베링해협이 뭍으로 이어져 있었지.

그 얘긴 제가 벌써 했잖아요?

다음 얘기로 넘어가세요!

보채지 마!

예, 계속하세요.

…….

똥 마려워.

어디 가십니까???

자! 먼저 1단계, 맨 처음 원주민 퍼스트네이션의 이야기입니다.

퍼스트네이션들은 아메리카 전역에서 터를 잡고 부족을 형성했습니다.

나라는 언제 세울겨?

부동산 업자랑 자본주의자도 없는데 그런 걸 어떻게 세워?

북서 태평양 해안 지방에서,

해이다족

치누크족

누트카족

대평원 지대에서,

아파치족

나바호족

동부 삼림과 대서양 연안에서,

모호크족

휴런족

그리고 북극권에서도.

에스키모 아니라고 했지?

이누이트.

경우에 따라선 여러 부족이 합쳐 동맹을 맺기도 했답니다.

이로쿼이 연맹이 유명해.

의식주는 어땠냐고요? 남부럽지 않았답니다.

집은 나무로도 만들고 움막도 짓고 살았는데

목재가 남아 돌아 설계도가 필요 없어.

이동이 잦을 때는 긴 나무에 가죽을 두른 천막을 이용했어요.

145

어디에 사는 부족이건 먹을 걱정은 없었다고 하네요.

산과 들에는 사슴, 들소 같은 각종 짐승들.

등심 스테이크 먹을까?

나는 안심.

강과 바다에는 연어, 청어, 조개, 게 등 각종 생선과 어패류.

오늘 저녁은 해산물 뷔페!

그리고 과실, 열매, 약초 등.

비타민C 섭취 좀 하자.

천지에 널린 게 식량거리였고,

오늘은 뭘 먹나?

옥수수, 콩 등 농사를 지어 작물을 재배하기도 했거든요.

탄수화물과 식물성 단백질도 필요하대.

옷은 주로 동물 가죽으로 만들어 입었는데,

천연 모피.

삼나무 속껍질로 투박하나마 섬유를 만드는 기술도 있었죠.

뭐해?

식물성 패션 디자인.

그걸로 옷이나 아기 요람, 상자, 그릇 등도 만들었다고 합니다.

내친 김에 제품 디자인도.

주로 걸어 다니고 뛰어다녔을 테지만

두 다리 멀쩡한데 그럼.

나무속을 깎아 만든 카누를 타고 많이 이동했다고 합니다.

승차감 좋네.

이게 차여?

말은 안 탔대?

유럽인들 오기 전까지 말은 없었거든요.

또 약초를 채집해서 특정한 효능이 있는
기호품을 제조하는 법도 알았는데,

이걸로 관절염
특효약을 만들어 볼까?

예를 들어 가문비 나뭇잎으로 제조한 음료를
마시면서 괴혈병을 예방할 수 있었다고 합니다.

마셔!

뭔데?

비타민C 보충 음료수여.

나중에 프랑스인들이 와서 풍토병으로
고생할 때 약초 사용법을 알려주기도 했다죠.

이거 먹어.

믿어도 돼?

싫음 말고.

널널하게 살았겠군.

그랬겠죠?

한가하고 여유가 있다 보니
장식하고 꾸미기도 하고

토템폴 깎자.

노래와 춤을 즐기기도 했는데,

노세, 노세~

사치하고 허세부리는
풍습도 있었다고 해요.

사치?

사치라고 해서 부정적인
의미는 아니었고요.

그럼 뭔데?

흥청망청 베푸는 문화였죠.

그 말이 그 말 아냐?

북서부 지역에서 행해졌던 '포틀라치'라는 축제였습니다.

포틀라치?

아! 나 그거 알아!

아세요?

'로빈슨 크루소의 사치'에서 읽었어.

로빈슨 크루소의 사치

모험 아니고요?

과시 욕구와 사치의 적극적인 면에 대해 애기 한 책이야.

로빈슨 크루소의 사치

아!

그 책 명저지. 아주 재밌어.

어메이징 디스커버리 보다 재밌습니까?

지금 그 말 작가가 시킨 거냐?

저도 모르게 나온 말입니다.

암튼 부족의 유력자들은 특별한 일이 있으면 커다란 축제를 벌였는데

거기에 온 사람들 모두에게 아낌없이 주저 없이 선물을 듬뿍 안겨줬다고 합니다.

아무 부담 없이 받아.

말 안 해도 없었는데요?

씀씀이의 정도가 주최자의 위신을 가늠하는 척도로 여겨지는 분위기였다고 합니다.

이번에 내가 크게 쏜다!

다음엔 내가 더 크게 쏜다!

한번의 행사와 선물로 재산을 거의 탕진해도 개의치 않았다고 합니다.

재물이야 돌고 도는 거고, 체면 구기지는 말아야지.

148

포틀라치에는 나름의
경제효과가 있었는데요.

그래?

물물교환을 대체하는
수단이 되었는가 하면,

주는 사람이 많으면
받는 사람도 많은 거여.

유력자들이 재물을 풀면서
극빈자가 생기는 걸 방지했고,

선물만 받아도 먹고 사네.

무엇보다 사치를 통해 소비가 촉진되면서
생기는 선순환 경제효과였던 것이죠.

다 계획이 있었구나.

있었다고 쳐.

그렇게 독특한 문화도 누리면서
부족들은 잘 살고 있었답니다.

사람에 대한 생각이나,

자연을 보는 마음이나,

비슷비슷한 이들끼리.

그런데….

149

캐나다에서 들이나 길가에 심은 과실나무 열매를 무심결에 따먹다가는 지나던 어느 주민에게 핀잔을 들을 수 있습니다.

캐나다에 이민 가서 산 사람들이 초창기에 가끔 그런 경험을 한다는데, 핀잔까지는 아니더라도 눈총을 보내는 주민들이 그러는 이유는, 동물들이 먹을 걸 왜 네가 따먹느냐는 거랍니다.

우리 주변에도 산과 들 혹은 동네 단지에 산딸기나 감나무 밤나무 같은 딱히 임자 없는 유실수가 있습니다. 마침 열매가 익는 계절에 산에 오르다가 밤나무 주변에 떨어진 밤송이를 줍는다고 뭐라고 할 이 없습니다. 우리 생각에 먼저 줍는 사람이 임자니까요. 그런데 캐나다 사람들은 먼저 줍는 사람이 아닌 산에 사는 짐승과 새들이 임자라고 생각하는 모양입니다.

집 앞이나 길가의 나무에 매달려 익은 감은 우리가 보기에 어떤 사람이 언제든 따야 할 먹을거리지만 캐나다 사람들 생각에는 언젠가 야생동물이 와서 따먹기 전까지는 매달려 있어야 하는 임자 있는 열매인가 봅니다.

사냥이나 낚시, 어로 행위에 관해서는 더욱 엄격해서 강력한 법이 간섭합니다.

자유로운 채집이나 어로의 권리를 지닌 원주민을 제외하면 누구든 어느 곳에서도 허가 없이 자연의 산물을 취할 수 없습니다. 물고기든 어패류든 지정된 장소에서 미리 허가를 받은 경우에도 허용된 양을 결코 넘겨선 안 됩니다. 만일 허용량을 초과했다가 적발이 되면 그로 인해 물어야 할 벌금 수준이 어느 정도냐 하면, 해당 건에 따라 다르겠지만 "이거 생각보다 너무 심한데?"라고 예측하는 수준을 훌쩍 넘는다고 보면 됩니다. 그리고 은밀하게 규정을 위반할 때 주변이 한산해 보여도 예상보다 쉽게 적발이 됩니다.

우리도 꽤나 자연을 사랑하고 금수강산을 아끼지만 캐나다 사람들의 자연 사랑, 동물 사랑은 각별합니다. 비록 예전에 비버의 씨를 말려버릴 뻔했지만 말입니다.

캐나다 사람들이 자연을 대하는 태도와 정부 및 지자체가 자연을 관리하는 정책의 기본은 '그냥 그대로'입니다. 자연에서 벌어지는 일에 인위적인 간섭을 하지 않는 것이 최

동물의 먹이를
뺏지 말라

선의 정책이라는 의미죠. 필요한 만큼의 산물만 얻고 있는 그대로의 자연에 위해를 가하거나 파괴하지도 않을뿐더러 생태계에서 자연발생적으로 벌어지는 훼손이나 상처에도 인간이 나서서 손을 쓰지 않고 자연 치유에 맡기는 것이 순리라는 입장입니다.

예를 들어 차를 타고 로키 산맥 안으로 난 길을 달릴 때, 옆으로 멀리 보이는 산에 길게 이어진 시커먼 광경이 보였습니다. 한눈에 봐도 커다란 산불로 홀랑 태워진 흔적이란 걸 알 수 있었습니다. 당국은 산불을 군이 잡으려고 하지 않고 다 탈 때까지 내버려두는 편이기 때문이라고 합니다. 이를테면 다 때가 돼서 타는 것이고 다시 저절로 재생이 될 거라며 내버려둔다는 것이죠.

그런가 하면 세인트로렌스강의 지류라고 짐작되는 하천을 바로 옆에 낀 도로를 달릴 때 평지의 발끝까지 물이 차서 유유히 흐르는 지역임에도 둑 같은 걸 아예 볼 수가 없습니다. 여기 사람들에게는 치수라는 개념이 없는 건가 궁금한데 캐나다 사람들은 인간에게 닥치는 자연재해에 대해서도 무심한 편이라고 합니다. 이렇다 할 재해를 겪지 않고 살아서 별 걱정 없다는 얘기를 합니다.

자연에게 그냥 맡겨둔다는 태도는 극진히 자연을 사랑해서라기보다 캐나다의 국경 안에 있는 땅이 어차피 인간이 감당할 수 없을 만큼 광활하기 때문인지도 모르겠습니다.

디즈니 만화영화 겨울왕국 두 번째 편에서 인간에게 더 나은 환경을 만든다는 명분으로 댐을 건설하는 바람에 낭패를 겪다가 다시 인공장벽을 허물고 원상태로 돌린다는 북쪽 나라 이야기가 캐나다가 아니면 어디겠습니까?

대항해시대의 막이 오른 후
유럽인들이 집요하게 찾아다닌 것은 동방으로 가는 뱃길이었다.

금과 비단, 향료.
온갖 진귀한 교역 물품들을 구할 수 있는 미지의 항로를 개척하기 위해
많은 이들이 탐험에 나섰지만.
콜럼버스가 발견했던 거대한 대륙이 그들의 뱃머리를 가로막고 있었다.

대륙의 중남부를 공략한 스페인은 현지의 오래된 문명을 파괴하고
주민들을 겁박해 다량의 은과 금을 본국으로 실어 날랐지만.
북쪽에 당도한 이들을 맞이한 것은 매서운 추위와
잇몸에서 피가 나는 괴질이었다.

그래도 금 대신에 찾은 것이 있다면
대구가 넘치도록 많이 잡히는 황금어장이었고,
대륙의 숲과 강에 서식하는 수많은 동식물들이었지만

갈 길이 급한 유럽인들은
아직 대자연의 보고에는 눈길을 돌리지 않고 있었다.

제12화
기대한 건 금, 찾은 건 생선

문제 하나 내겠습니다.

아메리카 대륙에 처음 발을 들인
유럽인은 언제 누구였을까요?

삐이~~!

1492년 크리스토퍼 콜럼버스!

땡!

…라고 할 줄 알았지.

나도 그 정도는 안다.

응? 설마?

1960년 고고학자 잉스타드와
스타인이 발견한 바에 따르면

콜럼버스보다 500년 앞선 때에
북아메리카에 당도한 자가 있었지.

바로 아이슬란드 혈통의
바이킹, 레이프 에릭손.

아이슬란드에는 우람한 모습으로
서있는 그 자의 동상도 있어.

오! 아시네요.

음하하하하

그럼 레이프 에릭손이 어떤 경위로 그랬다고 전해지는지도 아시겠네요?

알고 말고!

레이프는 아이슬란드에서 사람을 죽이고 도피한 그의 아비를 따라 그린란드에 정착해 살고 있었어.

아버지, 왜 그러셨어?

그런데 그 무렵 비야르니라는 바이킹이 항해를 나갔다가 그린란드 아래쪽 육지를 보게 되었지.

저기 보이는 거 육지 같은데?

너 술 취한 거 같은데?

그 얘기를 들은 레이프는 모험심이 발동해 출항했고 비야르니가 봤다고 짐작되는 땅에 당도했어.

진짜 있었네!

학자들은 그 곳이 지금의 뉴펀들랜드였을 거라고 추정해.

여기쯤으로 한다?

오키, 오키.

그곳에서 레이프 일당들은 원주민들과도 조우했다고 해.

혹시 주먹쥐고일어서님?

뭐래?

원주민들은 바다로부터 출몰한 낯설게 생긴 이들을 적대시하지 않았대.

둘러보고 가.

나한테 반했군.

바이킹들은 긴장을 풀고 해안가에 거처를 마련하고 정착을 시도했어.

집 짓고 도망자 아버지도 모셔오자.

그러자 원주민들은 태도를 바꿨지.

뭐여? 눌러 앉을 참이여?

불법체류는 곤란하지.

티격태격한 끝에

나가!

반할 땐 언제고?

바이킹들은 철수했어.

이담에 무서운 형들 올 거다!

와! 잘하셨습니다.

내가 또 하면 한다고.

그럼 이제 역사시대로 나아갈까요?

모두 알다시피 1492년 콜럼버스의 신대륙 발견으로 대항해 시대의 막이 올랐습니다.

1492년은 이제 확실히 외우겠네.

콜럼버스가 인도로 오인한 그 대륙에는 아메리고 베스푸치의 이름이 붙여졌죠.

아메리고는 아메리카에 가보긴 했대?

아메리고 말로는 아메리카에 갔었대.

그 무렵 베니스에서 한 사내가
대항해 시대의 무대에 명함을 내밉니다.

요즘 같은 때엔 나대고 봐야지.

지오반니 카보토라는 상인이자
탐험가를 자처한 인물이었죠.

콜럼버스를 따라하지만
마케팅 포인트를 달리 해야지.

Giovanni Caboto
탐험대행
중국 항로 전문

그는 동양으로 가는 항로를 개척하겠다며
후원자들을 물색했습니다.

중국행 뱃길 여는 벤처
사업에 투자하시오!

하지만 베니스의 상인들은 그의 제안에
매력을 느끼지 못하고 외면했습니다.

베니스 상인 사업
감각을 어찌 보고?

전전긍긍하던 그는 영국으로 가서
존 캐벗이라는 이름으로 사업설명을 했는데,

베니스 투자자들
뿌리치고 온 나요!

John Cabot
이거 78자국 지도

오! 끌려.

거기서는 통했죠.

우리가 베니스 상인들보다
덜 영리해서 투자하는 게 아닐지
모른다고 할 수 있을지 모르겠군.

존 캐벗은 1497년 브리스톨 항에서
선원들을 태운 매튜호를 출항시켰습니다.

중국으로!

근데 베니스 상인들 뿌리쳤다는 거야?
베니스 상인들이 뿌리쳤다고 한 거야?

배 떠났는데 이제 와서 뭘 따져?

탐험대는 52일 만에 중국이 아닌
아메리카 대륙 북동부 해안에 도착했죠.

투자자들한테는
뭐라고 해명하지?

캐벗의 목적지는 아니었지만 새로 발견한 땅으로
선언하고 영국왕 헨리7세의 깃발을 꽂았습니다.

뉴펀들랜드다!

영국으로 돌아간 그는 후원자들과
왕실에 보고하기를,

중국은 아니었지만 대구가
엄청 많은 황금어장이 있었소.

그 후로 항로 개척 사업은 시들해졌고 캐벗도
이듬해 항해를 나간 후로 소식이 끊겼습니다.

비단, 차, 금이 아니고,

생선이라니.

야! 근데 캐나다에 정착도 못한
사건을 뭐 그렇게 설명하는 거냐?

왜 이러십니까?
다 이유가 있습니다.

실속 없는 탐험에 그쳤지만
이걸 잘 기억해둬야 합니다.

왜?

훗날 캐나다에서 영국과 프랑스가
격렬하게 싸우지 않았습니까?

그래서?

그때 영국이 이 사건을 영토 주장을 위한
쓸모 있는 명분으로 삼았거든요.

우리가 맨 먼저 깃발 꽂았다고!

좋다. 영국이 허울뿐인 깃발 한 번 꽂았고 다음은?

프랑스 차례입니다.

때는 16세기 초중반입니다.

당시 프랑스에 야심찬 탐험가가 있었나?

야심차고 질투심도 많은 국왕이 있었죠.

누구?

프랑수아 1세.

아! 그 주먹코!

프랑수아 1세는 먼저 나서서

신대륙 놔두고 뭐하는 거냐?

탐험가를 물색하고

모험심 강하고 생각은 깊게 안 하는 사람 없어?

독려했습니다.

너! 딱 걸렸다.

주먹코는 왜 그렇게 신대륙에 안달이 났대?

라이벌 의식 때문이었죠.

누구한테 라이벌 의식?

스페인 국왕 카를로스 1세.

아! 그 주걱턱.

학장님 자꾸 그렇게 외모 비하 발언을…

야! 옛날 유럽 왕들은 공식명이 '뚱보왕', '대머리왕' 그랬어.

그래도 좀 정치적으로 올바르게 자제하심이…

어쨌든 카를로스 1세는 대단한 군주였죠.

스페인 국왕이면서

신성로마제국 황제이자

합스부르크 가의 상속자였으니까요.

그리고 프랑수아 1세와는 여러 차례 전쟁으로 맞붙은 앙숙지간이었죠.

너 미워서 이교도랑도 손 잡을 판이다.

그런데 말이다. 그런 라이벌 의식과 신대륙 집착이 무슨 상관이냐고?

생각해보십시오.

당시 스페인은 중남미에 건설한 식민지에서 꽤 재미보고 있었잖아요?

아! 맞다. 은과 금을 마구 챙겼지.

거기에 자극 받은 프랑수아 1세는 신대륙을 일확천금을 노릴 기회의 땅으로 보았던 거죠.

긁자! 아니, 가자!

왕의 특명을 받은 사람은
자크 카르티에 선장이었습니다.

할 수 있다!

1534년에 프랑스 생 마로 항에서
출발해 대서양을 건넜죠.

최소한 대구보다
나은 걸 찾아야지.

카르티에 일행은 뉴펀들랜드를 거쳐
오늘날 세인트 로렌스 만에 정박했다가

주변 항로를 탐색한 다음
가스페 반도에 내렸습니다.

도착했으니까 남들 다
하는 세리모니 해야지.

여긴 뭐 하러 온 겨?

그곳에 커다란 십자가를 세우고

영차!

예전 캐벗이 영국 왕실기를 꽂던 것처럼
프랑스 부르봉 왕실의 상징을 걸었습니다.

이제 한마디 해야지.

그리고 프랑스 국왕의 영토임을 선언했죠.

누벨 프랑스!

뭐라는 겨?

본국으로 돌아간 카르티에는
왕실에 보고하기를,

대구가 많았습니다.

너도 생선 타령이냐?

그리고 이번에는 실망한 왕실을 카르티에가
설득해서 재차 탐험에 나섰습니다.

오기가 생겨서 포기 못하겠다.

아재들 또 왔어?

1차 탐험에서 만났던 원주민을 대동해
세인트 로렌스 강을 거슬러 탐험을 했죠.

이왕 또 왔으니 강 위쪽도 한번 둘러봐.

그러던 중 원주민으로부터
'카나타'라는 말을 들었습니다.

저기가 카나타(마을)여.

캐나다라고?

그리고 도중에 강에 끼어있는 커다란 섬을 발견하고
언덕에 올라서 왕의 산이라고 선포하죠.

몽레알!

어디 갈 때마다 한마디씩 하네?

그리고 탐사를 멈춘 다음 지금의 퀘벡 시에
해당하는 스타다코나에 정착을 시도했습니다.

값나가는 거 찾을 때까지 죽쳐보자.

하지만 겨울이 되면서 탐험대는
모진 고통을 겪어야 했습니다.

매서운 추위,

배고픔,

괴질,

풍토병.

원주민들은 약초 조제와 민간요법 등으로
그들을 도와주기도 했죠.

우리 안에 측은지심이 있나벼.

하지만 탐험대가 눌러앉는 건
마땅해 하지 않았습니다.

굴러온 돌이 박힌 돌 뺄 거
같은 느낌이 들어서 말이여.

카르티에는 하는 수 없이 생존자
들을 데리고 철수를 했는데,

집에 가자.

그 와중에 원주민 부족 추장을
프랑스로 데리고 갔어요.

너도 가자.

납치 아녀?

잡혀간 추장은 없는 얘길 꾸며
대면서까지 호소했지만

돌려보내주면 금
있는 델 알려줄게.

끝내 거절당하고 결국
타지에서 숨을 거뒀습니다.

허튼 소리만 혔네.

카르티에는 추장이 남긴 말에
혹시나 하는 기대를 갖고
또 한 번 탐험에 나섰지만

진짜 금 있는 거 아냐?

별다른 성과를 못 거둔 채
귀항 했습니다.

대구뿐이었어.

그리고 향후 수십 년간 프랑스는 더 이상
신대륙에 미련을 두지 않았습니다.

대구 잡으러 갈 사람?

너나 가.

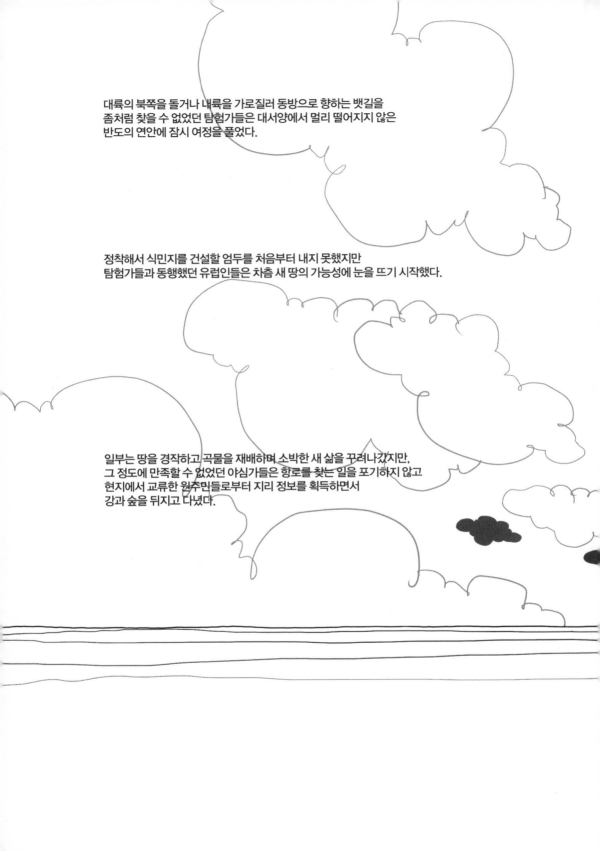

대륙의 북쪽을 돌거나 내륙을 가로질러 동방으로 향하는 뱃길을
좀처럼 찾을 수 없었던 탐험가들은 대서양에서 멀리 떨어지지 않은
반도의 연안에 잠시 여정을 풀었다.

정착해서 식민지를 건설할 엄두를 처음부터 내지 못했지만
탐험가들과 동행했던 유럽인들은 차츰 새 땅의 가능성에 눈을 뜨기 시작했다.

일부는 땅을 경작하고 곡물을 재배하며 소박한 새 삶을 꾸려나갔지만,
그 정도에 만족할 수 없었던 야심가들은 항로를 찾는 일을 포기하지 않고
현지에서 교류한 원주민들로부터 지리 정보를 획득하면서
강과 숲을 뒤지고 다녔다.

그 과정에서 그들은 애당초 생각지도 못했던 또 다른 황금을
대륙의 북부에서 발견했다.

제13화

길목에 정착

이 청년은 누구죠?

BC 주, 빅토리아 시
비콘힐 공원

테리 폭스! 몰라요?

캐나다의 국민 영웅인데.

"Dreams are made possible if you try."

"Somewhere the hurting must stop..."

TERRY FOX

첨 듣는데요?

테리 폭스를 모른다고?
한심한 젊은이 같으니.

???

병으로 한쪽 다리를 잃고도 의족에
의지한 몸으로 희망 마라톤을 했던

이 아름다운 청년의
이름을 모른단 말이오?

아니, 캐나다에 처음
온 제가 그걸 어떻게?

어쨌든. 참 계속 맘에
안 드는 젊은이일세.

…….

166

테리는 성치 않은 몸임에도 위대한 도전을 감행했어요.

암 치료 기금을 마련을 위해.

불굴의 투지로 달려서 국토를 횡단하겠다는 거였죠.

매일 공식 마라톤 거리 정도를 뛰어서.

42.195 km

1980년 테리는 대서양 연안 뉴펀들랜드에서 출발해 서쪽을 향해 나아갔다오.

목표는 태평양까지.

전 국민의 관심과 응원, 그리고 염려 속에서 뛰고 또 뛰었어요.

아아!

그래서 설마? 성공했나요?

성공 여부가 중요한 게 아니지!

그는 비록 도중에 쓰러져 중단할 수밖에 없었지만,

할 만큼 했네.

아니, 그 이상이지.

무려 143일간 달린 거리는 총 5,375km.

대단해.

모두가 그의 진심에 감동하고 실천에 박수를 보냈죠.

참된 영웅이야.

그리고 이듬해 스물 두 살의 짧은 생을 마감했어요.

누구보다 큰 삶이었어.

그 숭고한 뜻을 기리기 위해 지금도 전 세계 많은 나라에서 테리 폭스 달리기 행사를 개최하고 있어오.

우리가 이어서 달리자!

어때요? 뭔가 느껴지는 바가 없어?

…….

그런데 여사님, 이게 뭔지 여쭤도 될까요?

응? 뭐요?

여기, 이 '마일 오'라고 써 놓은 거.

MILE 0

아! 그건 마일 '제로'예요. 0마일.

아하! 혹시 여기서부터 뭔가가 시작된다는 걸 표시한 건가요?

오! 머리 좋은 젊은이!

맞아요. 트랜스 캐나다 하이웨이, 캐나다 1번 고속도로의 시작점이라오.

서쪽 끝인 이 곳부터 동쪽 뉴펀들랜드까지.

말 그대로 태평양에서 대서양까지죠. 총 길이가 7천 킬로미터가 훌쩍 넘는다오.

여긴 배 타고 들어왔는데요?

상징적인 의미인데, 뭘 또 그렇게 따지고 드나?

무슨 상징이라는 겁니까?

바다에서 바다로 이어진 오늘날 캐나다가 있기까지 오랜 부침의 역사!

근데 정말…

왜 자꾸 저한테만 역정을 내세요?

먼저 삐딱하게 군 게 누군데?

그 열망은 정말 집요했죠.

무슨 열망?

신대륙의 동부로부터 계속 서쪽을 향했던 유럽인들의 열망 말입니다.

무슨 소리냐?

궁금하시죠?

자! 그럼 또 계속해볼까요? 신수길 교수의 역사 이야기!

혼자 북 치고 장구 치고 노래하네.

이제부터 유럽인들의 캐나다 정착과 대륙 서부 탐험에 관한 스토리입니다.

16세기에 북아메리카에서 별 재미를 못 본 프랑스와 영국은 신대륙에 한동안 시들했습니다.

저긴 몹쓸 데야.

엄청 춥고 잇몸에서 피도 나.

본격적인 탐사나 정착 시도가 행해지지 않는 동안

......

대구 잡이를 하러 간 어선들이나

생선도 많이 잡으면 금이지.

모피 거래상들이 들락거린 정도였죠.

거래 트자.

169

그러나 그들에게는 포기할 수 없는 한 가지 열망이 있었습니다.

이 생각을 떨칠 수가 없어.

나도.

바로 중국으로 가는 항로 개척의 의지였죠.

배 타고 유유히 중국에 갈 수 있다면.

유럽에서 바다로 동양에 가려면 아프리카의 희망봉을 돌거나

이렇게.

아메리카 최남단 케이프혼을 돌아가면 되는데.

요렇게.

그게 프랑스와 영국으로서는 여의치 않았습니다.

난관이 있어.

바로 스페인이라는 커다란 장벽 때문이었죠.

쿵!

중남미에 튼튼한 식민지를 건설하고

쿵!

쿵!

무적함대를 거느린 스페인이 길을 막고 있었던 겁니다.

쿵쿵거리는 쟤들 무서워.

딴 길을 찾아야했던 그들은 북서쪽을 바라봤습니다.

그렇다면?

신대륙을 관통하거나 북쪽을 돌아가는 길을 찾는 거였죠.

어때? 획기적이지?

너 술 먹었지?

1604년 탐험에 나섰던 한 사내의 목적도 그랬습니다.

나, 술 먹었나?

바로 이 사람.

프랑스의 지도 제작자 겸 탐험가였던,

사뮈엘 드 샹플랭입니다.

샹플랭?

근데 왜 여기 동상이 서있는 거냐?

퀘벡 식민지의 토대를 건설하고
누벨 프랑스의 아버지로 불렸거든요.

그럼 북쪽으로는 안 가고?

가려다가 어찌어찌해서
이곳에 자리 잡았습니다.

샹플랭 일행이 닻을 내린 곳은
지금의 펀디 만이었는데,

그 곳에서 만난 믹맥 족과
교류하는 과정에서

모피, 위스키랑 바꿀래?

모피가 금 못지않게 값나가는
품목이란 걸 알게 되었습니다.

콜!

대박!!!

샹플랭은 중국행 지도 제작은 접고 요새를 짓기 시작했습니다.

포트 로열.

프랑스식으로 포르 루아얄.

과거 카르티에가 이로쿼이 족 원주민과 싸웠던 것과 달리,

난 납치 같은 거 안 해.

샹플랭은 믹맥 족과 원만하게 잘 지냈습니다.

자! 위스키.

프랑스인들은 추위를 이기고 질병을 예방하는 법을 터득했고,

점점 견딜 만하네.

밭을 일구기도 하면서 한층 살기가 나아졌습니다.

여기도 살 만하네.

거기에 더욱 살맛 나는 건 모피 거래 독점권이었죠.

짭짤해.

그런데 아까부터 모피, 모피 그러는데 뭐 말하는 거냐?

아! 모피! 이거 정말 중요합니다.

모피를 빼놓고 캐나다 역사를 이해할 수 없죠.

그러니까 설명해보라고.

예로부터 극지나 추운 지역의 동물 가죽으로 만든 모피가 최상품 취급을 받았지 말입니다.

그래서?

그러다보니 원래 모피는 시베리아를 둔 러시아의 주요 수출 품목이었는데,

흠… 그럴 법 하네.

172

북아메리카를 탐험한 유럽인들이 또 다른
천연 모피의 생산지를 발견한 거죠.

원주민들 패션이 범상치 않아.

게다가 동물 가죽을 무두질해서 모피를
만드는 원주민과도 교류하게 되었고요.

당신들 그 모피 어디서 샀어?

사긴? 온 사방에 짐승들인데.

처음엔 몇몇 모험 기질 있는
상인들의 관심거리였는데,

위스키랑
바꾸자!!

차츰 더 많은 유럽인들의
구미를 끄는 품목이 되었죠.

난 브랜디 줄게.

그 중에서도 으뜸은
비버였습니다.

?

캐나다산 비버 모피로 많든 모자가 유럽에서
최고급 상품으로 유행해 수요가 급증하면서

아직도 이거 하나 없니?

갈수록 늘어난 모피 수집가와 거래상들에 의해
공식, 비공식으로 거래가 이루어졌고,

술 말고 딴 건 없어?

포켓몬 카드 줄까?

나중에 프랑스 영국은 아예 국가가 나서서
모피 교역 사업에 혈안이 되어

우리 거다!

무슨 소리?

결국에는 전쟁까지 불사하게 되었던 겁니다.

내가 화근이었어?

173

자! 그럼 다시 포트 로열 이야기로 돌아와서.

그래, 모피는 이제 알겠다.

펀디 만에 정착한 프랑스인들은 그 곳을 아카디아라고 불렀죠.

ACADIA

아! 그 아카디아.

그럼 아카디아가 누벨 프랑스였던 거냐?

아닙니다.

샹플랭과 일당들은 거기에 오래 머물지 않았습니다.

엥? 요새랑 마을 건설해놓고 왜?

왜겠습니까? 모피 때문이었죠.

그놈의 모피.

그들이 가졌던 모피 거래 독점권을 본국 왕실이 보증해주지 않았거든요.

눈먼 모피 밀매 다 허락하고 커미션은 챙기겠다고요?

그래서 더 왕성하게 모피 교역을 하기에 적합한 곳을 찾아 떠난 겁니다.

앉아서 기다리면 우리만 손해지.

그래서 찾는 곳이 세인트 로렌스 강이 좁아지는 길목. 바로 이곳,

옛 이름은 스타다코나.

퀘벡이었죠.

모피 확보에도 용이하고, 방해꾼들 물리치기에도 좋고.

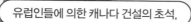
유럽인들에 의한 캐나다 건설의 초석,

NOUVELLE FRANCE

1608년 누벨 프랑스 정착이 시작된 겁니다.

영국은 뭐하고 있었대?

물론 가만있진 않았죠.

영국인들은 지금의 미국에 속한 곳을 먼저 택했습니다.

1607년에 이미 버지니아의 제임스타운을 건설했고,

우린 좀 따뜻한 데서 시작하자.

1610년경 헨리 허드슨이라는 영국인이 또 북서항로를 찾아 헤매기도 했죠.

허드슨 해협

허드슨 만

여기저기 이름만 붙이고 다녔어.

허드슨 강

그리고 1620년에는 청교도들을 태운 그 유명한 배가 폴리머스 항에 입항했습니다.

메이플라워!

뉴잉글랜드의 시작이었죠.

그렇게 두 나라는 북아메리카 대륙에 다시 빼지 않을 발을 들여놓기 시작했습니다.

쿵!

나도 쿵!

머지않아 붙을 전쟁의 불씨를 키우면서 말이죠.

좀 더워지지 않니?

???

175

드라마 〈도깨비〉에 나와 더 유명해진 고색창연한 호텔 샤토 프롱트낙은
세인트로렌스 강변 언덕 위에 자리해 있다.

그 호텔 옆으로 조성된 보드워크를 따라 걸으며
캐나다 동부의 젖줄이라 불리는 세인트로렌스 강을 내려다보노라면
그 옛날 샹플랭이 이곳을 거점으로 누벨 프랑스를 건설하고
모피 교역의 전진기지로 삼았던 이유를 직감하게 된다.

퀘벡이 현지 말로 강이 좁아진다는 뜻을 지녔다는 것처럼
강 너머까지 포를 조준할 만큼 시야가 확보되어
지나다니는 선박의 동태를 모두 조망할 수 있다.

이 천혜의 요새가 항구적인 정착지가 될 거라고 샹플랭이 짐작하고
도시 건설을 계획했을지는 모르지만 프랑스인들은
더디나마 인구를 늘리고 거주지를 넓히면서 누벨 프랑스를 만들어갔고,

프랑스어를 공용어로 사용하는 퀘벡 주는
오늘날 캐나다에서 가장 넓은 주가 되었다.

제14화

누벨 프랑스

좁은 길 양쪽으로 상점들이 엄청 많네.

매우 활기차 보이죠?

퀘벡을 찾는 관광객들이 가장 많이 몰리는 지역이니까요.

드라마 〈도깨비〉에 나왔던 빨간 문을 찾는 관광객도 있습니다.

그게 뭔데?

그런 게 있습니다.

샹플랭 동상이 있던 윗동네에 비해 느낌이 어떠세요?

거긴 전망이 좋고 여유가 있는 듯했고,

이 아랫동네는 좀 더 사람 사는 곳 같은데?

감이 좋으시네요?

예전 샹플랭의 지휘 아래 이 지역이 건설되었을 때도 그랬습니다.

꿈의 도시를 만들어 볼 테다.

윗동네에는 아래를 내려다보며 혹시 밀려올 적을 감시하기 위해 요새를 짓고 포를 배치했으며

폼 난다!

성채, 교회, 관청 등과 부유층의 저택들이 있었습니다.

지대부터 높아.

반면 아랫동네 부둣가는 서민마을이었는데,

시끌벅적

옹기종기 밀집한 상점, 창고, 집 등 주로 목조 건물에서

불조심들 해.

어민과 노동자, 영세 상인들이 모여 살았습니다.

우린 어디 가나 부대끼며 살아.

그렇다고 계층 구분으로 인한 불만이 들끓지는 않았고요.

끼리끼리 사는 게 속 편해.

기능과 역할에 맞춰서 살면 눈치 볼 일 없었기 때문이죠.

민주주의는 아직 먼 일이여.

누벨 프랑스에서는 농민들도 사는데 별 불만이 없었습니다.

농사 잘 되면 그걸로 됐지.

직접 농사를 짓는 이들은 대부분 소작농이었지만

땅이야 다 지주들 것이지.

경작해서 거둔 소출의 소량과 값싼 임대료만 내면 되었기에

여기 지주들은 큰 욕심 없어.

오히려 프랑스 본토의 소작농에 비해 살림살이가 나은 편이었습니다.

마을 단위로 방앗간이나 화덕도 공동으로 나눠 썼어.

퀘벡을 중심으로 한 누벨 프랑스는 그렇게 굴러가며 차츰 인구가 늘고 번성했습니다.

보람 있네.

한편 그 무렵 영국인들의 아메리카 식민지 건설과
정착은 놀라운 속도로 진행되었습니다.

부쩍 부쩍!

1607년 버지니아에 세운 제임스타운은 투자
회사도 가담한 야심찬 식민지 프로젝트였습니다.

국왕 제임스 1세의 명에 따라!

James I

원래 버지니아는 엘리자베스 여왕 때 정착을
시도했다가 쓰라린 실패를 했던 곳인데,

2년 만에 모두 몰살했는데 여왕이
처녀라고 버지니아로 불린 곳이야.

VIRGINIA

제임스타운 이주민들은 현지 재배한 담배를
본국에 팔아 이윤을 남기면서 버텨냈습니다.

담배 농사는 원주민한테 배웠어.

그리고 보스턴을 중심으로 한 뉴잉글랜드도
탄탄하게 자리를 잡아가면서

매사추세츠
Massachusetts

New Hampshire

뉴햄프셔

Rhode Island

로드 아일랜드

Connecticut

코네티컷

New Jersey

대서양 연안을 따라 빼곡하게 영국 식민지들이
들어서게 되었습니다.

위로는 아카디아가 있고,

ACADIA

아래로는 플로리다가 있네.

FLORIDA

만약 그들에게 더 욕심이 없었다면 캐나다
역사에서 영국이 등장하지 않았을 테지만

욕심 없다고 누가 그래?

대영제국은 북쪽을 프랑스에게 내준 채로
만족할 나라가 결코 아니었습니다.

우리 신조가 "힘 뒀다 어디 쓸래?"야.

영국인들 역시 더 많은 모피를 원했고,

우린 씨가 마르게 생겼네?

거기에 더해 북대서양 황금어장의 대구마저 독식하고 싶었습니다.

생선도?

영국인들은 생각했죠.

비버냐? 생선이냐?

모피와 대구 어장 둘을 한 번에 차지할 방법은?

둘 다 먹고 싶어!!!

답은 간단했습니다.

저길 노리자!

그들이 노린 것은 아카디아였습니다.

응? 여기?

그래, 거기!

아카디아는 프랑스인들이 버리고 간 곳이잖아?

기억하시네요?

맞습니다. 샹플랭과 일행들이 퀘벡으로 거처를 옮긴 후 한동안 이주민이 찾지 않는 땅이었죠.

휑~

그런데 거기 잠시 살았던 한 프랑스인이 소수의 사람들을 데리고 다시 살러 온 겁니다.

여기가 살 만하더라고.

그들은 다시 땅을 일구고 원주민과 교역을 트기 시작했습니다.

우린 안 떠날 겨.

도중에 커다란 참사를 겪기도 했지만

1613년 버지니아에서 몰려온 습격대가 마을을 불태웠어.

꿋꿋하게 다시 일어나 터전을 가꿨습니다.

안 떠날 겨.

인구가 느는 속도는 더뎠고,

입소문 잘 나면 더 늘겠지.

이주해 오는 이들은 대부분 빈민에 농사 경험이 없었지만

프랑스에서 사는 게 너무 궁핍해서 왔네.

그래도 간척한 땅에 곡식을 키우며 열심히 살아가고 있었죠.

자급자족하는 겨.

본국으로부터 지원도 도움도 관심도 별로 받지 못하니

뭘 바라?

차츰 프랑스와의 심정적 연결고리는 약해지고

이대로 가다간…

아카디아인이라는 정체성을 더욱 굳히면서 말입니다.

이담에 올림픽에도 아카디아로 나갈 겨.

그런데 1621년 영국 국왕 제임스 1세가 느닷없이 참 희한한 선언을 합니다.

문득 든 생각인데 말이야.

그 아카디아가 자기네 땅이라는 거였죠.

거기 그거 내 거야.

뭐래?

그러면서 스코틀랜드 출신의 신하 겸 절친인
알렉산더 경에게 아카디아를 하사했습니다.

너 가져.

그리고 알렉산더 경은 왕이 준다고
또 그걸 넙죽 받았네요.

이참에 이름도 바꿀랍니다.

노바스코샤!

참 머리 좋네!

그런데 제임스 1세는 무슨 근거로
아카디아 소유권을 주장했을까요?

혹시 그 옛날 존 캐벗의?

빙고!

1497년 깃발 꽂고 뉴펀들랜드라고
했던 걸 근거랍시고 내세운 거죠.

기가 막힐 노릇이구만.

평화롭게 살던 아카디아인들이
듣기에 황당한 주장이었지만

할 말이 없네.

프랑스는 더 경악했습니다.

난 할 말 많다!!

영국의 의도가 너무
노골적이었기 때문이지요.

모피랑 생선 다
먹겠다는 거잖아?

다급해진 프랑스도 뒤질세라 아카디아의
소유를 주장하고 나섰습니다.

원래부터 우리 거야.

뭐래?

아카디아는 이제 더 이상
평화로운 땅이 아니었습니다.

여태 너희 눈 밖이었잖아?

자립심 키워준 거거든!

갑작스레 캐나다 패권 장악을 위한
전략적 요충지가 되어버린 아카디아.

원래 내 땅!

실효 지배라고 들어 봤냐?

거길 선점하기 위해 두 나라가
티격태격하는 동안

넌 여기 와서까지
내 발목을 잡냐?

누가 할 소리?

뉴펀들랜드를 누벨 프랑스
침범의 교두보로 삼으려는 영국과

대구와 비버.

그 야심을 막고 누벨 프랑스의 세력권을
넓히려는 프랑스 사이에서

생선은 줘도 비버는 못 준다!

아카디아에서 살아가는 사람들은 그저
별 탈 없기만 바랄 뿐이었습니다.

불안 불안해.

그런데 영국과 프랑스가 아카디아를 두고
으르렁대며 갈수록 더 앙숙지간이 되어갈 때,

처지가 애매해진 이들이 또 있었습니다.

어느 편을 들어야 하나?

또 어느 나라? 누군데?

원주민 부족들이었죠.

원주민들은 부족끼리 교류하며 원만하게 지내기도 했지만

소고기 좀 줄까?

사이가 나빠서 싸우는 부족들도 있었습니다.

넌 안 줘!

줘도 안 먹어!

그런 와중에 영국과 프랑스가 무력으로 충돌하자

꽝!

각자의 이익에 따라 어느 한 편에 가담해 싸움을 거들기도 했죠.

넌 거기 붙었냐?

네가 거기 붙었으니까.

그래서 북미에서 벌어진 영국과 프랑스 간 전쟁을 두고

꽝

'프렌치 인디언 전쟁'이라고 부르기도 한 겁니다.

그건 좀 아닌데?

누벨 프랑스 부근에는 휴런 족, 믹맥 족, 그리고 이로쿼이 연맹 같은 부족들이 살았는데,

인간은 닮은 종끼리도 또 쪼개서 나누나 봐.

분류가 취미인가 보지.

다섯 개 부족들 연맹체로 가장 강력했던 이로쿼이는 휴런과 사이가 좋지 않았습니다.

너 왜 나한테 까부냐?

우리 할아버지랑 아버지가 너한테는 까불라고 하더라.

185

샹플랭과 프랑스인들은 정착지 건설 당시부터
믹맥, 휴런 족과 가까이 교류했습니다.

우리랑 함께 지내면
이로쿼이는 우습지.

걔들 원래 안 웃겨.

이로쿼이로서는 맘에 안 들었겠죠. 오래전
추장 납치 사건을 기억했다면 말입니다.

옛날에 추장 데려간 녀석
이름이 카르 머시기였지?

그걸 어떻게 아나?

이로쿼이의 강한 무력은 더 많은 모피를 구하러
서쪽으로 가고 싶었던 프랑스인들에게
큰 장벽이었습니다.

매출 신장을 위해선
저들을 넘어야 한다.

그래서 이로쿼이의 적인 휴런 족과
더욱 긴밀한 관계를 유지했죠.

머릿수는 늘리고 봐야지.

퀘벡을 건설하고 얼마 지나지 않았을 무렵이었죠.
샹플랭은 휴런 족과 함께 서쪽 탐사에 나섰습니다.

나타나기만 해라.

애당초 한판 붙을 작정이었는지 모를 일이지만
어쨌든 숲 속에서 이로쿼이와 맞닥뜨렸습니다.

이 순간을 기다렸다!

그 때 원주민들은 난생 처음 접한
무기의 위력을 경험했습니다.

쾅!

프랑스 탐험대가 총을
발사한 겁니다.

어떠냐? 놀랐지?

이로쿼이 전사들은 혼비백산
달아나 버렸죠.

일단 소리가 너무 크다.

186

놀라기는 프랑스인들과 동행했던
휴런 족도 마찬가지였을 겁니다.

그게 뭐야? 천둥 소리 재생기야?

원주민들은 총이라는 무기가 두렵기도 했지만
아마도 잔뜩 호기심이 생겼을 겁니다.

활이나 도끼랑은 차원이 다른데?

자신들도 총으로 무장하겠다는 휴런 족에게
프랑스인들은 총은 안 된다고 딱 잘랐습니다.

딴 건 몰라도 이건 언감생심이야.

팔기 싫음 그만이지 문자는 왜 써?

이로쿼이들도 그 무기를 꼭 갖고 싶어서
이리저리 구입처를 물색해보았죠.

해외 직구라도 할까?

프랑스인들뿐 아니라 영국인들도 총에
관해서는 관리가 엄격했지만

모피 많이 가져와도 총은 못 팔아.

이로쿼이들은 총을 손에 넣을 수 있었습니다.

못 팔 게 뭐야?
우린 다 팔아.

누가 원주민들에게 총을 팔았을까요?

레오나르도 디카프리오가 혼신의 연기를 펼쳐 오스카상을 받은 영화 〈레버넌트, 죽음에서 돌아온 자〉의 주 무대는 캐나다입니다. 디카프리오는 미소년 '로미오'로 스타덤에 올라 연기파 배우로 대중의 인정을 받기까지 참 오랜 부침을 겪었습니다. 하지만 그 지난 한 세월의 고됨조차 레버넌트라는 한 편의 영화에서 주역을 감당하기 위해 겪은 시련에 비할 바 아닌 것 같습니다. 카메라 기술이나 컴퓨터 그래픽에 의존하지 않고 실제로 대자연과 야생의 힘에 온몸을 혹사당한 경험이 생생하게 전해집니다.

그런데 디카프리오를 포함해 영화에 등장하는 이들의 직업이 처음에는 좀 수상합니다. 거친 행색으로 장총을 들고 짐승의 가죽을 한가득 짊어지고 다니는 걸로 유추할 때 사냥으로 연명하며 떠도는 이들로 보이는데 그들이 가죽을 거래하고 노역의 보상을 받는 모습은 단순히 허랑방탕한 밀렵꾼으로 보이지는 않습니다. 오히려 공인된 거래소에서 계약에 따라 거래하고 군대의 규약에 얽매이는 걸 보면 사사로이 밀거래를 일삼는 제도권 밖의 무뢰배가 아닌 멀쩡한 무역상인 것 같아 진짜 정체가 궁금해집니다.

훨씬 오래된 또 다른 영화 〈라스트 모히칸〉의 무대도 레버넌트와 별 다르지 않습니다. 어릴 때 세계문학 중 하나로 읽는 『모히칸족의 최후』를 기반으로 만든 그 영화에는 좀 더 설명이 구체적인 민병대와 원주민부족, 그리고 영국과 프랑스 정규군이 등장하는데 그래도 의아한 점이 영국군과 프랑스군이 타지에서 뭘 놓고 그렇게 싸워대는지, 원주민부족인 모호크와 휴런 전사들은 왜 그리 앙숙인지, 또 자기네 땅 사람들끼리는 불구대천의 원수처럼 물고 뜯으면서 유럽에서 온 두 나라 사람들과는 왜 또 각각 편을 먹고 있는지, 여러 가지가 궁금합니다.

캐나다를 여행하는 사람들은 유적지나 박물관 등 여러 곳에서 모피 이야기를 듣게 됩니다. 자크 카르티에나 샹플랭 등 주요 인물 동상 앞에서 현지 가이드를 통해 관련 정보를 들을 때도 모피라는 단어는 수시로 나오고, 퍼스트네이션으로 부르기로 한 원주민에 관한 이야기 소재로도 위스키, 총 등과 함께 어김없이 모피가 등장합니다. 처음엔 웬 모피? 하다가도 문화사에 조금이라도 관심이 있거나 궁금증을 풀어야 직성이 풀리는 사람

영화에도 나온
모피 전쟁

이라면 캐나다를 제대로 알기 위해 이 부분을 간과해선 안 된다는 걸 직감하게 됩니다.

그러다가 북미의 역사에 관한 정보를 취하고 영화를 다시 떠올리고 캐나다 명소의 서사를 반추하면 그 모든 의문의 중심에 모피가 있다는 걸 알게 됩니다. 더 구체적으로 말하자면 비버 가죽이죠.

비버는 여전히 캐나다 곳곳에서 중요한 아이콘으로 나타납니다.

지금도 명맥을 잇는 허드슨베이 컴퍼니의 로고에도 비버가 있고, 캐나다 여러 지역 상품에서 마스코트로 출몰하고, 최근 유명세를 얻은 과자 가게 이름도 비버 꼬리입니다.

비버는 캐나다와 북미 역사에서도 비중 있는 역할을 맡습니다.

모피는 유럽인들의 북아메리카 이주와 개척사에서 금광보다 더 많은 이야깃거리를 담고 있는 아이템입니다. 특히 북쪽의 땅에서 프랑스와 영국이 패권을 다투며 건국에 이르기까지 벌인 치열했던 전쟁을 한마디로 모피전쟁이라고 불러도 과언이 아닐 겁니다.

북아메리카에서도 춥고 척박한 캐나다 지역에서 강대국은 뭣 때문에 그토록 지지고 볶았을까?

뭘 얻자고, 어떤 걸 수탈하려고 그렇게 식민지로 삼으려고 했을까?

사탕수수나 양귀비를 재배할 땅도 아니었고, 남미의 포토시처럼 본국으로 무진장 실어 나를 은을 캘 것도 아니었고, 지금이야 앨버타주에서 석유를 채굴하지만 그땐 그조차도 몰랐을 테니 말입니다. 알고 봤더니 모피를 향한 욕망이 사람들과 군대를 불러들였고 요새를 지어 포를 배치하게 만들었고 귀여운 비버의 씨가 마를 때까지 싸워보자며 프렌치 인디언 전쟁, 혹은 7년 전쟁, 미영 전쟁 등을 일으켰고, 지금과 같은 국경이 그어진 캐나다를 있게 만든 것입니다.

『나의 문화유산 답사기』라는 책에 나오는 말, "알면 보인다"를 캐나다 이해하기에 적용시킨다면 아마 이럴 겁니다. "모피를 알면 캐나다의 대부분이 보인다."

동물 가죽은 북아메리카 원주민들에게 체온유지와 신체 보호의 수단이었지만
멋 부리는 유럽인들에게는 과시와 허영을 위한 장식품이었다.

캐나다에 서식하는 비버는 유럽인들이 소비한
유행상품의 재료가 되는 바람에 분쟁의 오브제가 되었다.

유럽인들이 값비싸게 소비될 모피의 대가로 원주민들에게
값싼 위스키를 건네주었을 때, 원주민들은 자기 안에 있던
또 다른 욕망에 눈을 떴다.

그리고 유럽인들과 어울린 원주민들은
동물과 사람의 생명을 순식간에 앗아가는 총의 위력을 탐했다.

제15화

기우는 균형추

와! 이게 뭐야?

비버테일.

캐나다를 대표하는 디저트야.

달달한 건데 먹어봐.

근데 혼자 먹기엔 너무 크다.

하나만 사지 그랬어?
나눠 먹으면 될 텐데.

다 못 먹겠으면 남겨.

바삭

남기면 아깝잖아?

냠냠

바삭

어디 넣어 갈 수도 없고…

바삭

바삭 냠냠

냠냠

다 먹었네?

하나 더 사줘.

이어 이으미 머악오?
(이거 이름이 뭐라고?)

비버테일.

모양이 비버 꼬리를 닮았잖아?

근데 왜 하필 비버야?

캐나다를 대표
하는 동물이잖아.

그리고 비버 때문에
한바탕 전쟁도 치렀고.

아! 모피 전쟁.

경쟁이 얼마나 치열했던지
비버가 멸종될 뻔했대.

금이 따로 없었네.

추위를 견디는 용도였던 모피가

비싼 값에 거래되면서부터
탐욕의 대상이 되었던 거야.

그걸로 위스키나 쇠붙이,
총을 얻게 된 원주민들도,

모피 교역으로 커다란
이윤을 남겼던 자들도

하나같이 탐욕에
눈이 멀었던 거지.

......

벌써 또 다 먹었어?

하나 더…

비버테일 멸종되겠네?

193

그래서 이로쿼이 족에게 누가 총을 팔았다는 거냐?

네덜란드 사람들이요.

네덜란드? 웬 네덜란드?

유럽 열강들이 식민지 수탈경영을 위해 만든 동인도 회사 아시지요?

그중 초기에 가장 잘 나간 데가 네덜란드 회사였지 않습니까?

하긴, 영국도 네덜란드 동인도회사 운영 방식을 롤모델로 삼았다지.

그 네덜란드가 1624년 뉴암스테르담을 건설하고 모피 무역에 뛰어들었거든요.

아! 오늘날 뉴욕.

원주민들은 그 네덜란드 상인들로부터 총을 구입한 겁니다.

네덜란드인들은 원주민들이 총기 구매를 원했을 때

총 팔아?

팔지.

프랑스나 영국인들처럼 고민하지 않습니다.

이교도한테도 팔아?

모피만 주면,

자본주의 정신에 입각해 실리만 추구했던 거죠.

안 파는 게 이상하지.

원주민들의 손에 총이 들려지자
부족 간의 싸움 양상이 변했습니다.

빵!

빵!

왜 이렇게 시끄러워?

과거에 도끼나 활로 위협하고 포로를 잡아
협상하던 것이 대량살상으로 바뀐 거죠.

너무 무자비해진 거 아녀?

싸움의 본질을 깨우친 거여!

이로쿼이 부족 연맹이 강력한
화력으로 무장하게 되자

짱! 짱!

변했어.

이로쿼이는 그들 사이에서
줄타기를 했습니다.

누구 편을 들까나?

원주민이 양국의 적대관계를 이용한 거냐?
아니면 유럽인들이 원주민을 활용한 거냐?

글쎄요. 원주민들로서는
저울질하느라 했겠지만,

과연 수백 년에 걸친 유럽 열강의 세력
판도를 제대로 전망할 수 있었을까요?

어쨌든 두 나라는 치열하게
공방을 펼쳐갔습니다.

아카디아는 내 땅!

헛소리!

영국이 누벨프랑스를
기습하면

꽝!

프랑스는 뉴잉글랜드를
공격하면서 응수했습니다.

꽈당!

그러던 와중에 한 가지 사건이 발생합니다.

무슨 사건?

팽팽하던 모피 쟁탈전의 균형이 깨진 사건이었죠.

그래?

피에르 에스프리 라디송이라는 사람이 있었습니다.

Pierre Esprit Radisson

프랑스 태생으로 15살에 누벨프랑스로 이주해 왔는데,

고!

2년 정도 원주민들과 함께 살았던 경험이 있어서

포로로 잡혀 갔더랬어.

원주민과 말이 통하는 자였죠.

우리 말 잘 하네?

어학연수 했잖아.

그런 이력과 더불어 지리 정세 파악에 자신감을 가졌던 터라

이 동네 사정은 빠삭하지 뭐.

남들이 엄두를 내지 않는 원대한 포부를 갖게 되었습니다.

모피 거상이 되련다!

그는 허드슨 만으로 가는 육로를 개척해서 모피 교역의 새 루트를 뚫겠다는 계획을 세우고

이 얼마나 야심 찬가?

어지간한 나라보다 먼 거리를 걸어서?

처남을 설득해 함께 탐험에 나섰습니다.

라디송 집안과 혼인한 보람이 있어야 하지 않겠니?

그래서 고생시키는 겨?

그들은 맹렬한 추위와 싸우며
수천 킬로미터를 강행군했지만

ㅇㅇㅇ…

목표 지점에는 도달하지
못한 채,

안 되겠다.

중도에 발길을 돌려야만 했죠.

집에 가자.

뭐야? 결과가 허무하잖아?

그래서 성과가 없었냐고요?

포기했다면서?

그들은 결코 빈손으로
돌아온 게 아니었습니다.

퀘벡으로 돌아온 라디송 일행의 수중에는
엄청난 양의 모피가 있었습니다.

다니면서 열심히 모았거든.

라디송은 힘겹게 확보한 모피에 대한 보상을
받게 될 거라 기대했습니다.

이참에 허드슨 만 모피
사업 투자 유치도 하고.

그런데 어이없게도 누벨 프랑스
총독은 그를 홀대했습니다.

니, 뭔데?

모피는 압수당했고,

누구 맘대로 모피를 거래해?

일행은 구금당했죠.

두고 보자.

어허! 포상은커녕 처벌이라니 이를 갈았겠군?

당연하죠.

앙심을 품고 복수를 다짐했죠.

대들진 못하지만 속은 뒤집어주마.

그가 택한 방법은 원수의 적을 이롭게 하는 거였어요.

원수의 적이 누군데?

누구긴, 영국이지.

라디송은 풀려나자마자 영국측에 사업설명을 했는데,

허드슨 만 일대는 무주공산이요!

프랑스와 모피 경쟁을 하던 영국으로선 얼씨구나 했죠.

완전 맘에 든다!

그리고 그가 제안한 사업에 전격 투자를 결정했습니다.

프랑스의 배신자라서 더 맘에 든다!

그렇게 영국 왕실의 승인과 재력가들의 투자로 설립한 회사.

모피 전매권을 허한다!

허드슨베이 컴퍼니입니다.

1670년.

영국 국왕 찰스 2세는 거기에 한 술 더 떴죠.

숟가락 얹어야지.

왕은 허드슨 만으로 흘러드는 모든 강 유역을 찜하고,

내 땅!

자신의 사촌 루퍼트 경에게 하사했습니다.

네가 관리해라!

사촌이 땅을 주네?

그로부터 루퍼츠랜드라는 이름의 광대한 영국령이 만들어진 겁니다.

3백9십만 평방킬로미터.

캐나다 전 면적의 3분의 1 정도.

누벨 프랑스보다 더 큰 영국 세력권이 떡하고 생겨나자

쿠궁!

프랑스는 뒤늦게 후회했지만 별다른 수가 없었죠.

속이 뒤집어진다!

그럴 거라고 했지?

라디송이 제대로 갚아줬군.

역대급 복수였죠.

누벨 프랑스 당국은 모피상들로 하여금 더 서쪽 내륙으로 가서 거래하도록 부추겨 봤지만

더 열심히 해봐!

열심히 한 사람 내칠 때는 언제고?

영국은 곳곳에 모피 거래소를 설치하면서 세력을 공고히 지켜나갔습니다.

얼쩡대지 마라.

그렇게 북미에서의 주도권을 영국에게 빼앗긴 프랑스는

휘청~

한번 기운 대세를 다시 돌이키지 못했습니다.

역부족이야.

한순간의 판단착오로 영영 기울어진 균형추였던 거죠.

총독이 X맨이었어.

그리고 유럽에서 터진 한 가지 사건이 북아메리카 전선에 결정타를 날렸습니다.

무슨 사건?

1701년에 벌어진 에스파냐 왕위계승전쟁이었죠.

아하!

재! 그럼, 에스파냐 왕위계승전쟁이란?

캐나다와 관련된 것만 간단히 설명하겠습니다.

에스파냐의 카를로스2세가 후사 없이 죽자

다음 왕은 누구?

프랑스의 루이14세는 욕심이 났습니다.

내 손자, 필립 어때?

부르봉왕가가 지배하는 프랑스와 에스파냐 거대강국을 건설하려는 야망이었죠.

흐흐흐흐

하지만 주변국들이 그냥 보고만 있진 않았겠죠?

합스부르크왕가야말로 계승 적임자다!

누가 되든 프랑스 혈통은 안 된다!

잘 모르겠지만 안 되겠다!

합스부르크가의 오스트리아는 즉각 반발했고,

결사 반대!

영국과 포르투갈 네덜란드 등이 합세했습니다.

나도 반대!

덩달아 반대!

그렇게 시작된 전쟁은 13년을 끌었고,

우당탕!

쿵쾅!

1713년 위트레흐트 조약으로 일단락되었지요.

그만 하자.

그 결과, 필립은 에스파냐 국왕 필리페5세로 즉위했지만

소원성취했다.

대신 프랑스는 많은 걸 양보해야 했는데,

흠…

200

그중 영국이 프랑스로부터 얻어낸 것들에는

네가 포기해야 할 게 뭐냐면…

북아메리카 주요 지역에 대한 지배권이 포함되었습니다.

여기, 여기, 그리고 여기.

아카디아, 뉴펀들랜드, 루퍼츠랜드였죠.

혹시 너희 땅일까 하는 기대를 아예 접으라고.

이로써 프랑스는 캐나다 땅에서 누벨 프랑스를 뺀 나머지를 모두 영국에게 넘긴 셈이 되었고,

가져라.

영국은 그리도 바라던 대구어장과 모피무역의 알짜배기 거점을 모두 차지할 수 있게 된 겁니다.

야호!!

그때부터 프랑스는…

절치부심에 들어간다.

어딜 들어간다고?

남은 힘을 모아 버티기에 돌입했습니다.

케이프 브랜턴 섬에 요새를 세우는 둥.

루이스버그라고 명명하는 둥.

하지만 과연 누벨프랑스의 명은 얼마나 갔을까요?

여행을 하면 어디에나 꼭 먹을 것, 특별히 맛있는 것이 있습니다.

캐나다에는 어떤 것들이 있을까요? 솔직히 별로 없습니다.

캐나다인들과 캐나다에서 오래 산 사람들에게 물어도 자신 있게 대표할 만한 음식으로 모아지는 중론이 없습니다. 하나 있다면 메이플 시럽 정도인데 시럽은 음식 재료이지 완성된 음식은 아니지 않습니까? 하긴 캐나다에서 먹는 단 것들이 참 달고 맛있긴 합니다. 그렇지만 프랑스의 마카롱이나 에끌레르처럼 달콤하고 특별한 걸로 내로라할 만한 디저트는 없습니다.

이렇게 얘기하면 여행후기나 정보에서 소개하는 캐나다의 간식 비버테일을 모르냐고 할 수도 있겠죠? 최근에 미국의 어느 인기 많았던 대통령이 캐나다를 방문했을 때 먹고 감탄했다는 일화로 유명세를 탄 과자이기도 하니까요. 비버테일은 그리 오래되지 않은 어느 페스트리 디저트 브랜드 상호일 뿐입니다. 세월이 많이 흘러서 언젠가 비버테일이라는 보통명사의 디저트가 캐나다 문화사에 기록될지 모르나 아직은 캐나다를 여행한 이들의 경험치를 조금 높여주는 품목일 따름입니다.

물론 맛있긴 합니다. 기름이 손에 흥건히 묻을 정도로 튀긴 페스트리의 식감이 공허할 정도로 바삭하고 레시피로 특정했다고 보기엔 단 것이면 뭐든 올려서 조합하는 토핑에 초콜릿 시럽과 메이플 시럽의 지원으로 더욱 달아 한입 먹는 순간 머리가 울릴 만큼 단맛의 자극이 전해지는 그런 과자 제품입니다.

그런가 하면 푸틴이라는 음식은 캐나다에서 보편적인 식문화 아이템입니다. 캐나다에선 맥도널드 메뉴에도 푸틴이 있습니다. 그만큼 대표할 만한 음식 중 하나인 셈이죠. 처음에 이 음식 이름을 듣고 러시아에서 참 오랫동안 권좌를 지키는 누구의 이름이 떠올라 먹어보기도 전에 도통 개연성 없는 선입견이 생기기도 했습니다.

프라이로 익힌 감자에 취향에 따라 야채를 곁들이고 치즈와 그래비 소스를 올려 먹습니다. 어느 곳에서 먹느냐에 따라 맛의 편차가 크다고 하는데 필자가 먹어본 푸틴의 느낌은 그리 특별하지 않았습니다. 한번 먹어본 걸로 됐고 다시 찾아 먹고픈 욕망이 일지

캐나다에서 맛있는 것, 맛없는 것

는 않았죠.

캘거리에서 유명한 육포로 말하자면, 편의점 등에서 파는 제품이 아닌 특산품으로 구한 것이 제대로 된 캘거리 육포라는 현지 정보에 따라 먹어봤는데, 한국에서 먹던 육포에 비해 일단 두툼합니다. 그리고 소고기를 말린 맛이 납니다.

캐나다에서 아주 인상적인 먹거리를 찾기 어렵다고 먹방이 빈곤할 거라 실망할 일은 또 아닙니다. 캐나다에서의 식사는 꽤 풍성하고 알찬 편입니다.

일단 뭘 먹어도 양이 부족하지 않습니다. 생선 요리나 스테이크도, 다양한 종류의 브런치 메뉴도 양으로는 흡족한 기분이 듭니다. 그리고 전문적인 레시피나 기술로 맛이 좌우되지 않는 음식재료 자연의 풍미는 어디에서나 돋보입니다. 재료가 실하고 싱싱하기 때문이죠. 클램차우더 수프만 하더라도 산지에서 바로 나오는 조개가 싱싱하면 간 잘 맞춰 짠맛만 나도 맛있는 거 아니겠습니까? 그래서 대구 요리도 맛있고 바다가재 요리도 감동적이고 마트에서 산 연어회조차도 맛이 일품입니다.

그리고 퀘벡의 구도심 근처와 세인트로렌스 강이 내려다보이는 보드워크 주변에서 식당을 잘 고르면 매우 훌륭한 프렌치 식사를 할 수 있습니다. 고급 레스토랑에 비해 비교적 저렴한 수제 햄버거도 푸짐한 프렌치프라이 감자와 함께 즐길 수도 있습니다.

위트레흐트 조약으로 북아메리카 식민지의 세력 균형이
영국으로 크게 기울었지만
그렇다고 프랑스가 완전히 포기한 건 아니었다.

프랑스에게는 아직 남아있는 누벨프랑스와
국왕 루이의 땅이라고 명명해 놓았던 루이지애나가 있었으며,

부지런한 모피상들이 발굴한 지역 오하이오 강 유역이
새로운 정착지로 떠올랐다.

규모 면에서는 대서양 연안을 따라 식민지를 둔 영국에 비해
프랑스의 세력권이 결코 작지 않았으나

프랑스가 영국을 맞상대 하면서 식민지를 유지하기에는
치명적인 약점을 갖고 있었고,

결국 그 약점을 극복하지 못했다.

제16화

마침표

앨버타 주, 캘거리

자! 캘거리입니다.

1988년 동계 올림픽이 열렸던 곳이지요.

2026년 동계 올림픽 유치 시도가 무산된 곳이기도 하죠.

저 삐딱이, 그건 또 어떻게 알아가지고.

어쨌든 맞아요. 주민투표에서 56%가 반대표를 던졌다요.

왜요? 예전 개최 경험과 시설 인프라가 있을 텐데?

그래도 돈이 많이 들긴 하니까.

캘거리는 그럼, 가난한 도시인가요?

하하하하 무슨 그런.

206

캘거리는 앨버타 주의 경제 중심 도시예요.

그리고 앨버타는 경제 자립도가 높은 주라오.

천연 가스, 석유 등 자원이 풍부하고

목축업과 농업도 발달했지요.

로키산맥 국립공원도 가깝고,

BC 주나 온타리오 주에 비해 이민 정책도 더 적극적이고.

그래서 난 이민 희망자들에게 밴쿠버나 토론토보다 앨버타 주를 더 추천한다오.

아! 캐나다가 석유 많이 나는 나라인 건 알죠?

매장량으로는 세계 3위정도 된다고?

맞아요.

채굴은 언제부터 했죠?

석유 생산 후로 캘거리가 산업도시로 급부상 했죠.

20세기 초에 유전이 발견됐지만 시추에 성공한 건 1947년이라오.

그 전에는요?

주로 농사짓고 살았죠.

수길아, 근데 말이다.

예?

18세기까지 북아메리카 돌아가는 사정을 보면 말이다.

영국과 프랑스는 주로 동부에서 옥신각신하고 있지 않냐 말이다.

예, 그런데요?

걔들 서부에는 영 관심이 없었던 거냐?

서부라면 어디?

캘거리 같은데 말이야.

거긴 아직 멀었죠.

앨버타가 주로 승격된 것도 1905년이었으니까요.

그래? 한참 후로군.

서부 대평원 지대는 19세기 후반까지 유럽인의 발길이 뜸했던 곳입니다.

한산해.

모피 거래를 하러 멀리까지 간 사람들이 있긴 했지만요.

로키산맥?

퀘벡과 동부 연안에서 다투느라 눈 돌릴 겨를이 없었죠.

바빠!

그나저나 아카디아를 잃은 프랑스는 어떻게 버텼느냐?

자! 그럼 다음 얘기로 넘어가 볼까요?

위트레흐트 조약으로 판세가 크게 기울었지만 프랑스가 아주 낙담할 정도는 아니었습니다.

난 포기를 몰라!

모르면 배워야지.

프랑스는 남은 누벨프랑스를 지키는 데 힘을 쏟았습니다.

퀘벡은 마지막 자존심이다.

아카디아를 손에 넣은 영국 해군을 견제하기 위해

쟤들 막아!

케이프 브레턴 섬에 요새를 세워 방어선을 구축했고,

루이 왕의 이름을 따서 루이스버그!

오늘날 킹스턴에 해당하는 곳에도 요새를 건설했습니다.

FORT FPONTENAC

프롱트낙 요새!

한편, 허드슨 만 지역에서 거래가 힘들어진 모피상들은

일단 정지!

과감하게 시야를 돌려 아래로 내려갔는데,

미시시피 강!

MISSISSIPPI   OHIO

오하이오 강 유역!

프랑스로서는 그 곳이 또 다른 대안이었습니다.

여길 찜할 줄 몰랐지?

그래서 오하이오 강 유역에 정착지와 전진기지를 건설하고

뒤켄 요새! 뚝딱!

뉴올리언스에도 요새를 세웠습니다.

뚝딱!

NOUVELLE ORLÉANS

209

그러자 18세가 중반이 되면 좀 야릇한 상황이 생깁니다.

무슨?

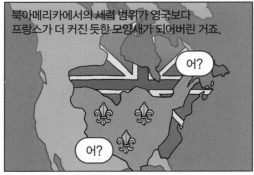

북아메리카에서의 세력 범위가 영국보다 프랑스가 더 커진 듯한 모양새가 되어버린 거죠.

어?

어?

게다가 1755년 아카디아에 내려진 추방령으로 이주민들이 속속 루이지애나로 몰려들면서

LOUISIANA

가자!

애팔래치아 산맥 서쪽의 광활한 지역에 대한 프랑스의 실효 지배력이 강화되고 있었던 겁니다.

야릇하네?

그럼 다시 판세가 프랑스 쪽으로 기울었을까요?

하지만 거기엔 맹점이 있었습니다.

첫 번째, 인구!

아!

당시 영국 쪽 북아메리카 식민지 인구가 대략 250만이었는데,

많이 늘었다.

그에 비해 프랑스 쪽은 고작 6만 명 정도였거든요.

에게?

프랑스의 지배력에는 한계가 있을 수밖에 없었던 겁니다.

뭔가 부실해.

또 다른 프랑스의 취약점은
점령지의 지정학적 위치였어요.

그게 왜?

전쟁에서 무력보다
중요한 게 뭐겠습니까?

보급?

빙고!

프랑스의 점령지들은 모두
보급에 불리한 위치였습니다.

대서양 해안선을 따라 줄지어
늘어선 영국의 점령지를 보세요.

음하하하하

전면전이 벌어진다면 이건 곧
프랑스 보급의 차단선입니다.

게다가 영국에게는 그 선을
경계할 해군력도 있었죠.

에스파냐 무적함대도
격파한 실력이다!

그러니까 그 후로 벌어진
여러 차례 전투에서

쿵!

쾅!

누벨프랑스를 공격하는
영국군을 막아내기도 하고,

뻥!

루이스버그를 뺏겼다가
탈환하기도 하고,

오하이오로 쳐들어온 버지니아 민병대를
물리치기도 하는 등의 성과들이 있었지만,

저 촌놈들, 대장이 누구래?

조지 워싱턴이라나?

그런 노력들은 단지 영국에게 완전히 밀리지
않으려는 버티기에 불과했던 겁니다.

판을 뒤집기엔 역부족이야.

그리고 1756년 드디어 식민지 패권 분쟁의 종지부를 찍는 전쟁이 터집니다.

바로 그 유명한 7년 전쟁이죠.

유럽에서 급부상한 군사 강국 프로이센의 영토 확장 전략과

쿠궁!

거기에 제동을 걸기 위해 뭉친 여러 나라들이 맞붙었을 때,

뭐가 쿠궁이냐?

영국은 프로이센 편에 가담했습니다.

과감하게 여기다 건다.

같은 기간에 북아메리카에서 영국과 프랑스가 충돌해서 전면전을 치렀기 때문에

이제 끝장을 보자!

프렌치 인디언 전쟁이라고도 하죠.

원주민 부족들도 패가 갈렸어.

루이스버그, 오하이오의 등 여러 분쟁 지역에서

투닥!투닥!

밀고 밀리는 전투와 약탈 등이 이어졌는데,

비겁하게 민가를 치냐?

비겁한 것도 작전이다!

양국의 명운을 건 대회전은 누벨프랑스에서 벌어졌습니다.

짜잔!

1759년 울프 장군 휘하의 영국군이 퀘벡으로 총진군했고,

가자아아!

누벨프랑스의 심장부 방어는 몽칼름 장군이 맡았습니다.

와라아아!

안 오면 더 좋고.

몽칼름은 게릴라전보다 정규전을 고집하는 지휘관이었습니다.

게릴라전은 촌놈들이나 하는 짓이다!

수적으로 우세한 영국군은 아브라함 평원에 진을 쳤는데,

덤벼보렴.

설마 덤빌까?

몽칼름은 장검을 높이 쳐들며 총공격을 외쳤고,

덤비네?

전투는 오래 걸리지 않았죠.

종료!

퀘벡은 함락되었습니다.

…!…

프랑스군은 몬트리올로 후퇴해 마지막까지 결사항전했지만,

안 돼애애!!!!

그마저도 영국군의 수중에 떨어졌습니다.

돼.

그걸로 끝이었습니다.

유럽에서의 결과도
마찬가지였습니다.

프로이센과 더불어 영국 승!

1763년 파리조약에 따라
프랑스는 북아메리카를 포기.

완전히 손 떼!

식민지 쟁탈전은 마침표를
찍게 되었습니다.

그때부터 영국의 통치를 받게 된 퀘벡의 프랑스인들.

허망하고,

허탈하고,

허허롭고,

허기지고,

그들에게 남은 건 상실감과
영국을 향한 원한.

촌놈들한테 싸움은 졌지만.

그리고 결코 누그러뜨릴 수
없는 자존심이었습니다.

언제나 콧대는 높이.

그런 심정이 캐나다 안의
프랑스 문화로 이어지면서,

꾸준히 반복되는 퀘벡 독립 운동의 기원이 된 것입니다.

지금도 퀘벡 주의 깃발에는
과거 프랑스 왕가의 상징이.

캘거리 소고기가 맛있다더니 역시 육포 맛이 일품이네요.

맛있죠? 스테이크도 끝내준다오.

거기 청년은? 맛이 어때?

그냥 육포 맛인데요?

이런 삐딱이! 딴 건 몰라도 캘거리 육포를 모독하면…

따리리리띠리

우리 강아지! 왜 전화했어?

여기 애들 어떠냐고?

…?…

한 녀석은 쓸 만한데 한 놈은 영 삐딱하다.

…?…

그래도 잘 좀 챙겨줘. 엄마.

"여기선 팀 호튼을 마시죠."

캐나다를 여행하는 사람이 곁에 동행하는 현지인이 있다면 커피전문점 같은 델 찾을 때 듣는 말입니다.

또 그 말은 캐나다 사람들의 마음에 있는 말이기도 합니다.

'우린 팀 호튼을 마시지.'

이 말에는 생략된 부분이 있습니다. 세상 어디에나 제일 흔해서 세상 사람들이 가장 많이 소비하는 미국 발 커피 브랜드인 '스타벅스'말고 캐나다인들은 캐나다 토종브랜드인 팀 호튼스를 마신다는 말입니다.

팀 호튼스(Tim Hortons)는 커피와 도넛 등을 판매하는 커피 전문점입니다. 1964년 캐나다 온타리오주 해밀턴에서 설립한 이후 전역으로 확장하여 국민 커피브랜드가 된 회사입니다.

브랜드명은 처음 사업을 시작한 사람의 이름인데, 팀 호튼은 북미 아이스하키 리그인 NHL의 선수였습니다. 아이스하키야말로 캐나다인들이 가장 사랑하는 스포츠죠.

캐나다인들이 팀 호튼을 애용하는 이유는, 일단 가게 숫자가 압도적이라서 커피 생각이 날 때 눈을 돌리면 먼저 보이는 게 팀 호튼스입니다. 굳이 스타벅스 커피를 마시려면 일부러 찾아야 할 정도이니 팀 호튼 소비량이 많은 게 당연할 겁니다.

가격도 더 쌉니다. 커피 맛과 향에 민감한 사람이 아니라면 맛의 차이도 별로 안 납니다. 사실 스타벅스라고 해서 뭐 그리 대단한 바리스타의 아로마를 담았겠습니까?

그리고 캐나다 사람들의 편애도 한몫 하는 것 같습니다. 내심 미국 브랜드의 공세를 자국 산 브랜드로 꺾었다는 모종의 자부심과 함께 컵을 입에 가져다대며 "우린 팀 호튼을 마셔"라고 말할 때 입 꼬리를 살짝 올리게 만드는 것 같습니다.

세계 어느 나라 사람이건 미국이라는 나라의 막강한 어떤 글로벌 상품을 능가하는 자국 상품이 있다면 긍지를 가지지 않겠습니까? 애국 마케팅이라는 전략도 유치하지만 어디에나 있으니까요. 하지만 캐나다 사람들이 가진 미국을 의식하는 태도는 좀 특별합니

스타벅스보다
팀 호튼

다. 경제적인 면뿐 아니라 정치 사회 문화 대부분의 항목에서 캐나다는 미국에게 질적 양적으로 미치지 못합니다. 물론 캐나다인들도 그런 객관적 현실에 대해선 부정하지도 않고 눈에 띄게 안타까워하지도 않습니다.

다만 같은 북미에 속한 나라이고 건국 시절 이주민의 속성이 같으니 미국인이나 캐나다인이나 뭐 다르겠어? 하는 타인의 예단은 적잖이 불편해 하는 것 같습니다.

미국인에 비해 더 세련됐다거나, 더 도덕적이라거나, 더 평화 지향적이라거나, 더 품행이 방정하다거나 하는 뚜렷한 이유나 근거를 대지는 않지만 내심 뭐 하나 어떤 면이라도 미국에 비해 더 우월하다는 자긍심을 가져보려고 하는 경향입니다.

과거로 치면 로마제국 같은 초강대국과 뺨을 맞대듯 기다란 국경으로 마주하고 있다 보니 그럴 법도 하다는 생각이 듭니다.

팀 호튼은 그런 자의식이 기회를 맞이해 드러난 사례일지도 모르죠.

그렇다고 오늘날 캐나다 사람들이 우리가 하는 말로 '국뽕'에 취해 팀 호튼을 마시며 애국 상품에 대해 심각하게 생각하는 것 같지도 않습니다.

팀 호튼 스토리에는 반전이 있습니다. 2014년에 미국의 유명 회사가 인수한 것입니다. 캐나다 사람들은 그런 사실을 다 알면서도 전과 다름없게 태연히 팀 호튼에서 파는 시그니처 메뉴인 커피에 설탕 둘 크림 둘 넣은 '더블 더블'과 '아이스 카푸치노'를 잘만 마시고 있습니다.

프랑스와의 오랜 분쟁을 승리로 마감한 영국에게는
북아메리카에서 거침없이 독주하는 일만 남았을까?

대영제국 국왕의 통치를 받게 된 모든 식민지 주민들은
본국의 지침과 명령에 순순히 따르게 되었을까?

당연히 그리 될 줄 알았다면,
오판이었다.

전쟁의 막판까지 영국에게 저항했던 퀘벡의 프랑스계 주민들은
패배가 서러울지언정 대세를 거스를 마음을 품지는 않았다.

오히려 영국의 통치권이 부당하다며 반기를 든 것은
뉴잉글랜드, 버지니아 등 미국 지역 식민지들이었다.

그들은 영국의 편에서 프랑스와 싸우는 동안 착실히 내실을 다지며
언제라도 독립된 자치연합으로 뭉칠 수 있는 틀을 갖춰 왔던 것이다.

북아메리카 상황은 이제 새로운 국면으로 접어들었다.

제17화

새로운 국면

제시카라는 분이 엄마였어?

응.

화순이도 알아?

몰라요. 얘기 안 해줬어요.

그럼 설록이는?

걔도 몰라요.

재미있네.

뭐가?

그렇게 오랜 친구인 녀석들이 너희 가족에 대해 아는 게 별로 없다니.

그럴 수도 있죠.

내가 좀 신비로운 면이 있잖아?

……

엄마는 언제부터 캐나다에 사셨어?

오래됐어요.

흠….

…….

뭐야? 너 캐나다 처음이라고 했잖아?

맞아요. 이번이 처음이야.

엄마가 한국으로 가끔 오면서 캐나다는 와 보라고 할 때까지 오지 말라고 했어요.

왜? 캐나다라는 나라를 보여주기 싫으셨나?

아니, 캐나다에서 엄마의 삶을 보여주기 싫었겠지.

왜?

혼자서 힘든 모습이었을 테니까.

그리고 엄마 스스로 확신을 갖기까지 오래 걸린 것 같아.

무슨 확신?

캐나다라는 나라에 대한 확신.

엄마 혼자?

그렇다면 아빠는?

다른 가족들은?

알면 알수록 비밀스러워.

신비로운 듯 바라보는 그 눈빛은 뭐지요?

설마 날 애처롭게 여기는 거?

뭘 노리고 나한테 접근했던 것이야?

내가 언제 접근했다고???

광대한 영역의 북아메리카 식민지를 거머쥐게 된 영국.

그 다음의 행보는 어땠을까요?

볼 만했겠지.

함께 싸웠던 식민지 민병대와 주민들의 노고에 보답했을까요?

전혀 아니었겠지.

강대국의 위상을 떨쳤다는 오만함에 사로잡힌 영국은

오죽했을라고?

식민지의 권익을 생각하기보다 복종과 의무를 강요했습니다.

프랑스도 없어진 마당에 거칠 것이 없었겠지.

설탕, 당밀, 홍차 등에 각종 세금을 부과하고 모든 공문서와 간행물에 인지세를 매기면서 말입니다.

식민지에 빨대를 꽂겠다는 거지.

영국의 입장은 7년 전쟁에 들인 비용을 식민지더러 부담하라는 거였어요.

프랑스 몰아내줬잖아?

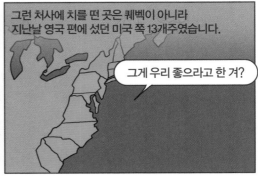

그런 처사에 치를 떤 곳은 퀘벡이 아니라 지난날 영국 편에 섰던 미국 쪽 13개주였습니다.

그게 우리 좋으라고 한 겨?

1774년 각주의 대표들이
모였던 1차 대륙회의를 필두로

안 온 사람 있어?

조지아는 바빠서 못 온대.

식민지들은 힘을 모아 영국의
부당한 지배에 맞서 나갔고,

우리가 영국 출신이긴 해도
영국은 정말 나쁘지 않니?

1776년 끝내 독립선언문을
채택하기에 이릅니다.

이제부터 우린
안 나쁘기로 결정!

독립전쟁이 발발했고, 영국은
뒤통수를 세게 맞게 됐죠.

띵!

전쟁을 벌일 때 대륙회의 측은 퀘벡에도
동참할 것을 제안을 했습니다.

너희 프랑스인들은
영국이라면 치를 떨잖니?

그러니 우리랑 손잡고
영국을 치지 않겠니?

하지만 퀘벡은 딱 잘라 거절했습니다.

그런 제안을 하는 너희 영국인한테는
치를 안 떨 거라고 어떻게 장담했대?

이미 결정된 영국령으로 남겠다는 입장이었죠.

영국인들 틈에서 영국이랑 싸우면 누가
어느 영국인인지 헷갈려서 어떻게 싸워?

그런가하면 미국 쪽 식민지에서도
정치적 의견이 나뉘었어요.

여기 사람들이 죄다
독립을 원한 건 아냐.

영국의 통치가 마땅하다는
충절파(Loyalist)도 있었고,

모름지기 왕을
모셔야 폼이 나지.

이도저도 아닌 중립파(Neutral)
도 있었습니다.

독립을 하면 하는 거고
아님 마는 거고.

독립전쟁이 진행되는 와중에 독립을 반대하거나
뒷짐 지고 있는 이들의 처지가 어땠을까요?

배신자들!

의식 없는 자들!

머리 나쁜 것들!

죽여도 시원찮을 놈들!

특히 그 땅에서 살기 힘들 정도의 멸시와
박해를 받은 이들은 충절파였습니다.

저것들은 수치야.

잡아 가두든지 내쫓아야 돼!

쟤들 땜에 땅값도 떨어질 겨.

그들은 쫓기다시피
딴 데로 이주해야 했죠.

무서워서…

아예 본국으로
돌아가거나,

피하나?

캐나다 쪽 영국령으로
가거나,

더러워서…

멀리 카리브 해의
식민지로 가거나

피하지…

전쟁은 6년 정도를 끌었는데, 프랑스 군대가
미국 식민지 연합을 도왔죠.

영국 자빠뜨리는
일에 안 나설 수 없지.

프렌치 뒤끝 작렬이네.

그리고 알다시피 미합중국은
독립을 쟁취했습니다.

1783년 파리 조약.

한편 캐나다로 이주한 충절파들은
프랑스계가 많이 사는 퀘벡보다

"봉주르", "메르시"보다는

노바스코샤 등 영국인들이
많은 곳을 택했고

"헬로", "땡큐"가 친근하지.

또 상당수는 퀘벡 서쪽
온타리오 호 연안에 정착했는데,

'요크'라고 하자.

그때 갑자기 정착 인구가 늘어난 요크가
상업도시로 성장해 토론토가 된 것입니다.

지금은 캐나다에서
가장 큰 도시야.

퀘벡 주변으로 도시가 확장되고 인구도 증가함에
행정구역 개편이 필요해졌어요.

복닥거리는 거 영 신경 쓰인다.

미국 짝 안 나게 잘 다스려야지.

그래서 영국 당국은 1791년
입헌명령을 제정했습니다.

이제부턴 말이야!

캐나다 식민지를 크게 둘로
나누어 통치한다는 거였는데,

총독을 둘 보낼 거야.

세인트로렌스 강 상류인 서쪽을
어퍼 캐나다로,

Upper
Canada

어퍼엔 영국 남자 총독.

하류인 동쪽을 로어 캐나다로
구분했습니다.

로어에는 영국 남자 총독.

Lower
Canada

뭐가 다른데?

의도한 바였겠지만 충절파
영국계 이주민이 많은 곳과

나중에 온타리오 주가 되겠지.

기존의 프랑스계 인구 비율이
높은 지역으로 분류된 것이죠.

퀘벡 주 아니면 뭐겠어?

두 지역 주민들은 제한된 투표권이나마 독자적인
의회를 구성해 자치를 실시할 수 있게 되었는데,

일단 좀 사는 백인 남자만 투표.

차별하네?

민주주의의 길은 먼 거여.

특히 로어 캐나다로서는 영국의 간섭을 덜 받으며
프랑스 문화를 유지할 방법이 생긴 것입니다.

콧대는 좀 세웠네.

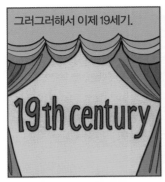

그러그러해서 이제 19세기.

19th century

유럽은 또 전란에 휩싸였습니다.

조용할 날이 없구만.

나폴레옹이 벌인 전쟁이었죠.

내 사전에 조용할 날은 없다!

영국이 나폴레옹의 프랑스를 두고만 보고 있었을까요?

영국해군은 뒀다 뭐하게?

두 나라는 바닷길을 놓고 힘겨루기를 펼쳤습니다.

봉쇄령을 내린다.

쿡, 그건 우리 특기다!

당시 미국은 프랑스와 활발히 교역하던 터였는데,

주거니.

받거니.

영국이 해상을 차단하는 바람에 무역에 타격을 입었고

주……

받……

영국해군의 빈번한 검색 때문에 상선들은 골머리를 앓았습니다.

우리 군대 탈영병 찾는 거다.

걔를 왜 여기서 찾니?

미국 입장에서는 명백한 주권 침해 행위였던 거죠.

부글부글 끓는다.

또 가뜩이나 불편한 심기가 폭발한 사건도 벌어졌습니다.

펑!

그 무렵 미국인들은 새 농지와 거처를 찾고 있었는데,

땅이 부족해.

애팔래치아 산맥 서쪽으로!

그들이 진출한 오하이오 강 유역에는 원주민 쇼니 부족이 터를 잡고 살고 있었죠.

모락~ 모락~

원주민들은 슬금슬금 넘어오는 미국인들이 달갑지 않았습니다.

좀비여?

침입자를 물리치려는 원주민과 세력을 넓히려는 미국이 붙었는데

쾅!

우당탕!

빵!

빵!

원주민 부족의 화력이 의외로 강했던 겁니다.

왜 센 거지?

놀란 미국은 원주민들이 그 많은 총기류와 화약을 어디서 구했는지 사정을 살펴봤더니,

FBI 시켜서 조사 좀 해봐.

지금 그런 게 어딨습니까?

몬트리올을 거점으로 둔 영국 모피상들과 꾸준히 거래하며 무장한 거였답니다.

영국애들이 팔았답니다.

내 그럴 줄 알았어.

알면서 조사는 왜 시켰습니까?

미국은 영국을 적성국이라고 결론지었습니다.

배후가 너희란 거 다 안다!

누가 그러디?

CIA가.

장난하니?

그리고 선전포고를 했습니다.

자! 쳐들어간다!

미국은 영국 어디로 쳐들어갔을까요?

?

바다 건너 본토를 쳤을까요?

?

당연히 영국령 캐나다였죠.

만만한 게 우리지?

!

227

이제 슬슬 또 이동해볼까요?

어디로요?

캐나다에서 가장 신비로운 곳으로.

유럽인들이 캐나다에 온 후로도 오랫동안 발길이 닿지 않았던 곳.

동부 지역이 전쟁으로 난리 통이었을 때도,

서부가 골드러시로 북적거렸을 때도,

도도하게 인간 세계를 내려다보며 자연이 낳은 동식물을 키우고 있었던.

로키산맥.

아!

내 딸도 거기서 만나기로 했다오.

따님이요?

얼마 전에 한국에서 왔는데 아직 전화 통화만 했다오.

그럼 혹시 저희 가이드 때문에 아직 못 만나신 거?

괜찮아요.

228

나도 어차피 걔랑 캐나다에선 처음 만나는 거라 제일 아름다운 데서 상봉할 계획이었거든요.

후훗…

많이 보고 싶으시겠네요?

그럼요. 내 딸이 또 얼마나 예쁘다고요.

사진 한번 볼래요?

아! 예….

삐딱이 청년은 안 보여줘.

딱 봐도 총명하고 착하게 생겼죠?

다들 엄마 닮았다고 하더라고.

하긴, 내가 또 젊었을 때 한 미모 했거든.

야, 홍설록….

세계에서 가장 긴 국경선은 캐나다와 미국 본토 간에 그어진 장장 8,891km의 경계선이다.

서부에서 오대호까지 이어지는 북위 49도 직선 구간을 포함한 선은
1818년 미국과 영국령 캐나다 사이의 조약에 따라 그어졌다.

실질적으로 사람들이 거주하는 캐나다 주요 도시들은 대부분 그 국경선에 인접해 있으며
캐나다 사람들에게 국경을 넘어 미국에 드나드는 일은 대수롭지 않은 일상이다.

프랑스어를 공용어로 쓰는 퀘벡 주를 제외한다면 캐나다는 미국과 마찬가지로
영미 문화권에 속한 북아메리카의 거대한 나라라서 공통점도 많지만
캐나다에서 사는 사람들의 모습과 감성, 문화는 여러모로 미국과 다르다.

정치 경제, 환경 면에서 꿀릴 게 없어 보이고
오히려 더 자부심을 가질 만한 요소를 많이 가진 나라임에도
캐나다 사람들은 미국을 꽤나 의식하는 경향이 있다.

제18화

북위 49도 선

여사님, 허락하신다면 저 친구한테도 따님 사진을 보여줘도 되겠습니까?

뭐 하러?

난 안 봐.

안 본다잖아?

그래도 저 친구가 꼭 봐야 할 것 같습니다.

싫다니까.

하여튼 저 삐딱이.

부디 양해를…

야!

아, 싫다니…

…!…

…….

너무 예뻐서 얼었냐?

…….

지금부터 업고 다니겠습니다.

뭐하는 짓이지?

자! 그래. 1812년 미국은 영국한테 선전포고를 했고.

계속 이어서 얘기해봐.

예.

당시 미국은 자신감으로 충만해 있었습니다.

자신들이 이길 수밖에 없는 전쟁이라고 생각했지요.

그래?

그도 그럴 것이 객관적으로 영국령 캐나다는 미국의 상대가 되지 못했습니다.

풋~

일단 인구 면에서 차이가 너무 많이 났고,

열 배도 넘게 차이가 나.

보급이나 지원 면에서도 영국은 예전과 사정이 달랐죠.

너무 멀어.

그리고 미국이 호언장담한 또 다른 이유가 있었습니다.

무슨 이유?

전쟁이 시작되면 캐나다 주민들이 미국 편을 들 거라고 생각했거든요.

뭘 근거로?

로어캐나다의 프랑스계 주민들이 영국에 대해
품고 있는 앙심이 자기들과 같을 거라 기대했고,

영국과 싸우는 우릴 환영할 거야.

어퍼캐나다 주민들도 애초에 미국 땅에서 건너간
이들이니 우호적일 거라고 짐작한 거죠.

같은 고향 사람들이잖아?

그런 연유로 미국인들은 단숨에 영국군을
몰아내고 해방군처럼 입성해서

장자라장장!

이참에 북아메리카 모두를 미합중국 영토에
넣겠다는 부푼 꿈으로 들떠있었던 겁니다.

생각만 해도 좋아.

한편 캐나다 쪽 분위기는
어땠을까요?

우울하지 뭐.

주민들 사이에서는 미리부터
패배감이 팽배했습니다.

상대가 되겠어?

여러 이유를 차치하고서라도
병력 면에서 미국이 압도적인
우위였기 때문이죠.

안 돼.

풍전등화에 놓인 캐나다 군대를 통솔했던
인물은 아이작 브룩 장군이었습니다.

Isaac
Brock

그는 현명하고 과단성 있는 지휘관이었습니다.

어떻게 실력 발휘하지?

누가 봐도 열세인 병력을 이끌고 대군을 상대하는
지휘관이라면 어떤 선택을 해야 했을까요?

고민이 많으시겠지?

브룩은 군과 주민들 사이에 만연한 패배주의를
일소하는 것이 먼저라고 생각했습니다.

싸우기도 전에 주눅부터 들어 있잖아?

뻔한 수비와 방어는 해법이 될 수
없다고 판단한 그가 꺼낸

부시럭 부시럭~

…ㅣ…

반전의 카드는?

이거다!

무슨 수를 써서라도 전투에서
첫 승을 거두는 것이었습니다.

선제골을 넣어야 해.

헉?

브룩의 명령에 따라 캐나다 영국군은 원주민
전사들과 힘을 합쳐 기습공격을 감행했고,

수비고 뭐고 일단
문전으로 쇄도하래.

이래도 되나 몰라?

방심하고 있던 미국 군대는 날벼락을 맞았습니다.

뭐냐?

막아! 막아!

미국은 제대로 공격 한번
못해보고 항복.

골~!!!

캐나다군은 사기로 충만했고,

우와!!!!

우와!!!!

분위기가 급반전되었습니다.

별 거 아니네.

미국이 축구는 약한가봐.

손쉽게 캐나다를 접수할 거라 자신했던 미국은 어안이 벙벙했습니다.

선빵 먹었어?

놀라기는 캐나다도 마찬가지여서,

선빵 먹였어?

분위기는 체념에서 투지로 급변했죠.

해볼 만한걸?

잘하면 이길 수도 있겠다.

결과적으로 캐나다 주민정서도 미국의 예상을 빗나갔습니다.

우리 편 들 줄 알았는데?

자기 동네에 쳐들어오는 미군은 로어캐나다인들에게나

니들이 감성을 알아?

어퍼캐나다인들에게나 그저 침략군일 따름이었습니다.

같이 있을 때 잘하지 그랬어?

미국의 위협은 오히려 캐나다 주민들의 감정을 건드려서

우리가 만만한가?

춥게 산다고 무시해?

결속력을 갖게 했을 뿐 아니라,

북부의 무서움을 보여주마.

우리, 스타크야.

전에 없던 애국심마저 고취한 결과를 낳았던 겁니다.

캐나다인의 정체성을 일깨워줘서 고맙다!

연이어 벌어진 전투에서도 캐나다 영국군은 미군의 총공세를 물리쳤고,

미군 포로 1,000명을 사로잡았어.

약 2년에 걸쳐 미국은 집요하게 캐나다를 공략했지만 승기를 잡는 데 실패했습니다.

괜히 건드렸나?

전쟁 막판 캐나다 원정이
영 여의치 않아진 미국은

순순히 물러날 성 싶으냐?

적진에 상처나 내자는 심산으로
요크를 급습해서

성냥 있냐?

정부청사를 비롯한 도시 곳곳에
방화를 저질렀습니다.

잘 탄다!

그러자 캐나다 영국군도
뒤질세라 즉각 보복했습니다.

성냥 갖고 와!

미합중국 수도인 워싱턴으로
치고 들어가서

뭘 태워줄까?

대통령 관저를 홀랑 태웠버렸죠.

잘 탄다!

미국인들은 불타서 검게 그을린
집을 다시 칠했고,

무슨 색으로 칠하지?

검은색 반대가 뭐겠냐?

그 바람에 하얗게 새 단장한
대통령 관저는

미니멀하네?

뭐라고?

백악관으로 불리게 된 겁니다.

White House!

1814년 벨기에 겐트에서 영국과 미국 대표
간의 조약 체결로 전쟁은 막을 내렸습니다.

원래대로 돌아가자.

그러기에 왜 나댔니?

그리고 1818년 북위49도의 경계 구분선에 합의했는데,
이것이 오늘날의 캐나다 미국 간 국경선이 되었습니다.

자 대고 그어.

지구는 둥근데?

넌 석사공부 미국에서 했잖아?

그랬죠.

왜? 엄마 계신데 캐나다에서 안 하고?

안 그래도 그 무렵 고민했어요. 근데 결론적으로 엄마 말을 듣기로 한 거지.

응? 왜?

내 성격과 기질 상 캐나다 보다는 미국이 더 낫다고.

너의 어떤 면이?

음… 경쟁심 많고,

늘 새롭고 재미난 걸 찾고,

성취에서 동기를 얻는 타입?

잘난 타입이다 그 말이군.

……

뭐, 부정하진 않아요.

그리고 솔직도 하지.

하긴, 캐나다와 미국은 같으면서도 많이 다르니까.

비슷한 시기에 유럽에서 이주한
사람들이 정착했고,

둘 다 여러 출신지의 다양한
이민자들로 구성된 사회이고,

멀지 않은 국경선을 두고
서로 왕래하는 나라임에도

미국이란 나라가 세상 온갖 문화를 다 가져다 놓고
연신 소비되고 또 채워지고 새롭게 생겨나면서

꿈꾸는 사람들에게나 욕심쟁이들에게나
여러 기회를 제공하는 나라라고 한다면

그에 비해 캐나다는

한마디로…

심심한 나라니까.

어쩜 달라도 이렇게 다를까?

……

hot! hot!

hot! hot!

hot! hot!

지리와 기후의 영향일까?

추워서 까불고
나대기 싫어.

역시 사람들과 인구 때문일까?

3천7백만.

3억2천만.

솔직히 미국에 비해 캐나다는 문화적으로 빈약하다고 봐야지.

질적으로 어디 문화가 더 우수하냐가 아니라 양적인 면에서 그렇다는 거야.

클래식과 컨템퍼러리,

순환되는 고급문화와 대중문화,

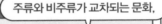

주류와 비주류가 교차되는 문화,

그 모든 것들이 미국에서는 시시각각 생산 소비되잖아?

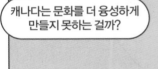

캐나다는 문화를 더 융성하게 만들지 못하는 걸까?

아니면 그러지 않는 것이 더 낫다고 여기는 걸까?

캐나다 사람들입장에선 이런 식의 비교가 못마땅하겠지만,

뭐 어쨌든, 그래서 여기 이민가정들 자녀 교육에도 그런 성향이 좀 있어.

캐나다에서 자라면 무난하게 학업 마치고 취업하는 데 별 문제가 없지만

더 큰 성취와 넓은 경험의 장을 바라는
애들은 미국으로 보내기도 하거든.

글쎄?

그런 바람이라기보다
취향에 따른 선택 아닐까?

글쎄 과연?

암튼 엄마는 최근에
연락해서 그러더라고요.

이제 직접 캐나다에
와서 한번 보라고.

근데 난 오기 전에
이미 선택했어.

엄마가 여기서 살아야 한다면,

난 이제부터 엄마 곁에서 살아야 하니까.

그럼 설록이도 딸려오겠네?

글쎄⋯.

힘겨웠던 미국과의 전쟁은 영국령 캐나다 주민들로 하여금
전에 없던 정체성을 자각하는 계기가 되었다.

프랑스계, 영국계, 그리고 미국에서 넘어온 이주민 등, 다양한 출신 성분을
가진 이들이 외부의 침략에 한 마음으로 맞선 경험에서 비롯된 자의식.

그것은 캐나다인으로서 느낀 애국심의 맹아였다.

그들은 캐나다가 더 나은 자치령이 되길 원했고,
총독이 관할하는 불합리한 통치 구조의 개선을 요구했다.

그럼에도 영국의 식민지 운영 방식과 권력층의 행태는 좀처럼
달라지지 않았기에 불만은 점점 쌓여갔다.

캐나다인들은 이제 평범한 계층의 삶을 위협하는 내부의 적을
좌시하지 않겠다는 의지를 행동으로 보여주기에 이르렀다.

제19화

반란의 세월

수길아, 그런데 말이다.

예.

캐나다인들은 미국이 영국과 독립전쟁을 치르는 걸 보고 뭔가 자극을 받지 않았겠나?

물론이죠. 게다가 그 미국이 자기네 땅에 쳐들어오기까지 했으니까요.

다시 있을지 모를 미국의 침략에 대비해야 한다는 위기의식이 생겨났고,

너무 위협적이야.

한편, 캐나다 식민지를 취급하는 영국의 태도에 대한 불만도 커져갔죠.

너무 구태의연해.

로어캐나다 프랑스계 주민들이 쌓고 있었던 분노.

우린 너무 무시당해!

Lower

어퍼캐나다에서 본격적으로 드러난 문제의식.

우리 뜻이 다 묵살당해!

Upper

두 지역의 불만은 모두 총독의 자문위원회를 향한 것이었어요.

저들이 악당이야!

Upper   Lower

자문위원회가 뭐였는데?

총독이 임명한 인사들로 구성된 자문기구였는데요.

사실상 캐나다 정치 행정을 손에 쥐고 있었던 권력 집단이었지요.

소수의 특권층이 장악한 자문위원회는

재력가,

지주,

군 장교 등.

서민들의 삶의 질이나 권익은 안중에도 두지 않고,

남 좋은 일을 왜 해?

자기들 개인사업과 부를 늘리는 정책에만 몰두했죠.

내 몫부터 챙겨야지.

그들은 대다수 평민계층에게 불리한 정책으로 일관하면서 그들의 원성조차 일축했고,

우리들 말이 말 같지 않나?

무식한 소리는 안 들을래.

입법의회에서 개혁파들이 제기하는 법안들을 번번이 무산시키기까지 했습니다.

여기선 우리 맘이 법이지?

식민지 정치를 독점하며 개혁과 진보를 가로막았던 그들을

로어캐나다 주민들은 왕당파라고 비난했고,

영국 왕실과 총독의 딸랑이들!

어퍼캐나다 평민들 사이에서는 족벌파로 불렸습니다.

패밀리 콤팩트! (Family Compact)

자문위원회와 지배층의
전횡이 계속되자

지금 딱 좋은데 뭘 개선해?

개선의 여지가 없네.

민중의 분노와 개혁을 바라는
이들의 열망은 극에 달했고,

말로 해선 답이 없다!

무력으로 문제를 풀겠다는
운동이 생겨났습니다.

연장 챙겨라!

로어캐나다에서 무력 항쟁을
선동한 인물은 파피노.

총독을 몰아내고 우리도
미국처럼 대통령을 뽑자!

Louis
Joseph
Papineau

그가 이끈 조직의 명칭은
'자유의 아들들'이었는데,

옳소!

Fils de la
Liberté

과거 미국독립혁명 당시
활동했던 단체의 이름을
본 딴 것이었죠.

따라 하네?

Sons
of
Liberty

한편 어퍼캐나다의 저항운동은
매켄지가 주도했습니다.

총독과 족벌파는
캐나다의 적이다!

William
Lyon
Mackenzie

그는 진보 성향의 신문
발행인으로 시작해서,

'식민지의 대변자'
라는 신문이었어.

THE COLONIAL ADVOCATOR

입법 의회 의원으로서
정치적 개혁을 추진하다가,

당선되고 쫓겨 나기를
네 번이나 반복했어.

무력 투쟁으로 노선을
바꾼 인물이었습니다.

이 길 말고는 답이 없다!

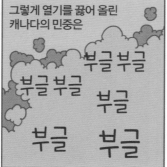

그렇게 열기를 끓어 올린
캐나다의 민중은

부글부글
부글부글
부글
부글 부글

1837년 무장봉기했습니다.

뻥!

먼저 들고 일어난 곳은
로어캐나다의 몬트리올이었어요.

타도! 영국!

타도! 종독!

영국 당국은 즉각 진압에
나섰습니다.

프랑스놈들, 결국 일을 내는구나!

그런데 그때 진압 병력 보강을 위해 어퍼캐나다에
주둔 중이던 영국군이 반란 지역으로 이동했거든요.

급한 불부터 끄래.

우리가 소방관이여?

그 바람에 어퍼캐나다 정부
방위에 공백이 생긴 겁니다.

비었다!

개혁파들은 때를 놓칠세라
주민을 선동했고,

절호의 기회다!!

모두 모이자!!

어퍼캐나다에서도 개혁을 바라는 농민과
주민들이 반란에 동참했습니다.

타도! 종독!

초반에는 반란군의 기세가
높았어요.

으샤으샤!

로어캐나다에선 영국군과의
전투에서 승리하기도 했고,

이겼다!

으샤으샤!

어퍼캐나다에서도 행군을 막을
진압대가 없을 거라고 판단했죠.

으샤으샤!

그래서 반란은 성공했냐?

아뇨, 반란군의 기세는 오래가지 못했습니다.

영국군이 가차 없이 제압에 나서자 반란군은 속절없이 밀려야만 했죠.

그랬겠지? 명색이 그래도 정규군인데.

영국군의 진압은 그야말로 무자비했습니다.

본때를 보여주마!

성당에 불을 놓고 빠져나오는 사람들을 차례로 저격했고,

윽!

악!

탕!

탕!

주변 마을에까지 방화와 약탈을 서슴지 않았어요.

해도 너무하네!

그 과정에서 로어캐나다 주민들은 또 다시 영국을 미워하는 깊은 원한을 갖게 되었죠.

이를 하도 갈았더니 다 닳아서 없어졌어.

많은 희생자을 낸 로어캐나다의 반란은 끝났고, 주모자들 12명은 교수형에 처해졌습니다.

파피노형님은?

미국으로 넘어가 프랑스로 도망갔대.

어퍼캐나다에선 어떻게 됐어?

거기선 한마디로 추풍낙엽이었습니다.

진압할 병력이 없었다며?

그럴 줄 알고 씩씩하게 나아갔죠.

그런데 웬걸? 훈련된 군대가 떡하니 버티고 있었지 뭡니까?

그 군대는 남아있던 소수의 영국군과 충성파 주민들로 구성된 정부군이었습니다.

왔니?

예기치 않은 정예군을 마주한 반란군은 당황했고

이걸 어쩌니?

일제사격의 총성이 울리자 뿔뿔이 흩어져 버렸죠.

빠바바바방!!

사사사삭!

사실 어퍼캐나다의 반란군에게는 애초부터 한계가 있었습니다.

무슨 한계?

일단 조직력이 약했고, 장기간 전투를 펼칠 형편도 아니었거든요.

왜?

주민들 중 상당수가 개혁은 지지하지만 무력 투쟁 방식은 달가워하지 않았기 때문에

폭력은 싫어.

반란 주도세력은 전폭적인 지지와 지속적인 항쟁 동력을 얻지 못했던 겁니다.

남 일이 아니지만 남 일처럼 여겨지는 폭동이랄까?

그렇게 캐나다 양 지역에서 연쇄적으로 발생한 반란은 무위로 끝났습니다.

그나마 한 가지 성과였다면

뭐?

오만했던 총독정부와 영국에게 경종을 울렸다는 거였죠.

땡!

프랑스계 주민들이 많은 로어캐나다야 그렇다 쳐도

걔들은 우리한테 묵은 감정이 있으니까.

영국계가 다수인 어퍼캐나다에서까지 반란이 일어난 것은

근데 쟤들까지 저러는 건?

영국 입장에서 결코 가벼이 넘길 사안이 아니었습니다.

너~~무 속상해!

그래서 캐나다의 현지 사정을 살피기 위해 더럼 백작 존 램턴을 캐나다로 보냈습니다.

불만이 뭔지 가서 좀 알아봐.

가서 돌 맞진 않을까요?

그것도 가서 알아봐.

더럼 공은 1년 간 캐나다에 머물면서 문제점을 파악한 다음 조사 보고서를 작성했습니다.

각계각층 사람들과 만나봤지.

돌 든 사람은 안 만났어.

그렇게 해서 나온 것이 이른바 '더럼 보고서'였죠.

요약하자면 이렇습니다.

REPORT

먼저 총독과 자문위원회를 그냥 둬선 안 됩니다.

왜?

너무 비호감입니다.

주민이 선출하는 의회 권한을 키워줘야 합니다.

왜?

그게 더 폼 납니다.

로어캐나다 갈등의 원인은 불어 쓰는 자들의 불만입니다.

그게 뭔데?

영어 쓰는 사람을 싫어합니다.

그래서 두 지역을 합해야 합니다.

왜?

합하면 영어 사용자 쪽수가 더 많습니다.

이 보고서는 훗날 캐나다 연방의 초석이 될 겁니다.

누가 그래?

감이 딱 옵니다.

그리하여 연합법이 통과되었고,
1841년 영국은 두 식민지를 합쳤습니다.

이제부턴 캐나다 이스트,
캐나다 웨스트라고 불러.

이름은 왜 바꿔?

정치개혁이란 원래 그래.

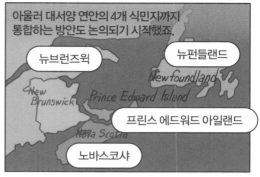

아울러 대서양 연안의 4개 식민지까지
통합하는 방안도 논의되기 시작했죠.

뉴브런즈윅

뉴펀들랜드

프린스 에드워드 아일랜드

노바스코샤

아! 대서양 연안에도 식민지들이 있었지?
그럼 캐나다는 언제 연방이 되는 거냐?

그로부터 약 20년 후부터
합쳐지기 시작합니다.

왜 그렇게 뜸을 들였대?

캐나다의 미래 구상에 관한 주민
들의 생각이 여러 갈래였거든요.

어떻게?

연방으로 뭉치는 것에 부정적,
혹은 미온적인 식민지도 있었고요.

꼭 합쳐야 돼?

그걸 왜 나한테 물어?

주민들 사이에서도 미국처럼
독립해야 한다는 의견과

우리도 영국 그늘
에서 벗어나자!

변함없는 충성파 의견으로
갈렸어요.

미국 애들은 근본도
모르는 것들이여.

그런가 하면 아예 미합중국에 편입되길 바라는
이들까지 정말 여러 의견이 분분했습니다.

근본 따지다가
강대국한테 휘둘린다.

한마디로 국론이 통일이 안 된 거였군.

그게 아니라 단일 국가라는
의식 자체가 없었던 거죠.

그런데 1860년대에 캐나다 연방에 관한 논의가 급물살을 타게 됩니다.

왜였을까요?

그거야 뭐. 바깥에서 또 뭐가 쳐들어 왔나보지.

역시! 눈치가 100단이시네.

원래 외부의 위협이 내부를 가장 잘 뭉치게 하잖아?

1861년 미국에서 남북전쟁이 터지지 않겠습니까?

뻥!

그런데 거기서 영국이 남군을 지원하는 꼼수를 부린 겁니다.

경제 무역 논리로 한 거야.

북군은 어이없어 하면서 이를 갈았죠.

이 전쟁 끝나면 정치 외교 논리로 갚아주마.

그러니 막판 전세가 북군의 승리로 기울수록 불안해진 건?

대체 왜 건들이냐고?

당연히 영국령 캐나다였겠죠.

쟤들 화풀이할 데가 여기밖에 더 있냐고?

위기의식은 자연스럽게 공감대를 형성했습니다.

출신, 지역 따지지 말고 뭉치자.

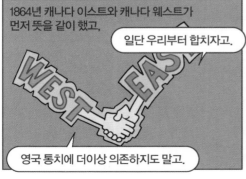
1864년 캐나다 이스트와 캐나다 웨스트가 먼저 뜻을 같이 했고,

일단 우리부터 합치자고.

영국 통치에 더이상 의존하지도 말고.

총독이 아닌 총리를 권한의 중심에 둔 연립 자치정부를 구성했습니다.

총리는 각 지역 사정에 맞게 두 명을 두자고.

지역 행정은 해당 정부가 맡고 국방, 외교 등은 연방 권한으로.

252

그리고 이어서 대서양 연안 식민지들과도 손잡기 위해

자! 이제 때가 됐네.

프린스 에드워드 아일랜드의 샬럿타운에 모두 모여서

무슨 때?

커다란 연방이라는 의제를 놓고 의견을 나눴습니다.

캐나다의 장래를 내다볼 때.

각 지역 대표들은 다음 달 퀘벡에 다시 모여 활발한 토의를 한 끝에

이제 결론내자!

북미대륙의 모든 영국령은 연방을 지향하며 독립으로 나아가겠다는

다 같이 잘 살자는 거지.

캐나다의 미래 구상에 관한 결의안을 채택했습니다.

땅! 땅!

하지만 결의안이 현실적인 성과를 낼 때까지 시간이 좀 걸렸습니다.

연방? 누구 좋으라고?

너한테도 좋을걸?

아닐걸?

각 지역 주민들의 의사를 모으는데 필요한 시간이었죠.

역시 의견이 분분해.

캐나다는 다양성이야.

그러던 차에 또 한 번 캐나다 사람들을 충격에 빠트린 사건이 벌어졌습니다.

허걱!

1866년, 일단의 무리가 캐나다를 침략한 겁니다.

캐나다는 왕을 모시는 나라입니다. 명목상으론 말이죠. 국왕은 다름 아닌 영국의 현 국왕, 엘리자베스 2세입니다. 그래서 캐나다에는 대서양 너머에 있는 국왕의 일을 대리하는 총독이 있습니다(적어도 명목상으론 말이죠). 그렇다면 캐나다가 총독의 통치 아래에 놓인 영국의 식민지이냐? 당연히 아니죠. 과거에는 그랬을지언정 현재는 엄연한 자주 연방국가입니다. 물론 행정 수반으로서의 통치권한도 총리에게 있습니다. 그럼 정치 외교적으로 독립한 이후에도 여전히 총독이라는 직위를 잔존시키면서 형식적이나마 군주를 섬기는 나라로 남는 이유가 뭘까요? 비단 캐나다뿐이 아닙니다. 오스트레일리아나 뉴질랜드도 마찬가지입니다. 그리고 아시아 태평양 지역과 아프리카의 많은 나라들도 직간접적으로 영국과 연관을 맺고 있습니다.

영연방이라는 말을 들어보셨나요? 영어로는 브리티시 코먼웰스(British Commonwealth). 문자 그대로 해석하자면 영국의 영향 아래에 모인 여러 국가들의 결성체입니다. 마치 EU나 UN을 연상시키는 이 기구에 가입한 나라들 숫자가 무려 영국 포함 53개국입니다. 대부분 대영제국 시절 식민지였던 지역이지만 몇 나라들은 식민지 경험이 없었음에도 자발적으로 가입을 원해서 함께 어울립니다. 지금은 앞에 있던 브리티시라는 단어를 삭제하고 코먼웰스 오브 네이션(Commonwealth of Nations)이라는 명칭을 사용하며 공통의 보편적 선의를 추구하는 기구라는 점만 내세우는 느슨한 조직이지만 영국이 구심점이 되는 건 분명합니다. 최근 세계의 이목을 집중시키며 유럽연합, 즉 EU를 탈퇴하는 영국이 영연방이라는 커뮤니티를 대안으로 삼을 수도 있다는 의견도 있긴 합니다. 인도 같은 나라는 영연방 내에서의 입지를 바탕으로 중국이라는 거대한 세력을 견제해보려는 생각을 내비치기도 하죠. 그런데 문제는 구심점의 역할을 해야 할 영국의 국제적 위상입니다. 여러 가지 현실을 놓고 감안할 때 언감생심입니다. 캐나다만 하더라도 영연방 회원국이지만 무역이나 외교 면에서 영국보다 미국을 비롯한 북미 나라들과 더 밀접할 테고 유럽을 상대할 때도 설마 EU보다 영국이나 영연방을 더 우선시하겠습니까? 이 문제에 관한 복잡한 국제사회의 이해관계를 면밀히 따져보기 위해 외교 전문가의 조언을 듣지 않고 쉽게 보자면 오늘날 영연방의 의미는 현실적인 구속력이나 영향력에 구애받지 않는 국제적 친목모임 정도라고 이해해도 무방할 겁니다. 우린 그냥 그런 기구가 있다 정도만 알면 그만이겠죠?

그렇다면 왜 캐나다는 형식적이나마 영국 왕실의 최종승인을 거치는 총독을 두는 걸까요? 옛정일까요? 아니면 그래도 과거 겉보기에는 영화로웠던 대영제국에 대한 향수 때문일까요? 캐나다 사람들에게 질문을 하면 돌아오는 답도 애매합니다. 그냥 습관적인 거라고 대답하는 사람도 있고, 별다른 정치적 의도에 관해선 자기도 모르겠다는 답변도 있는가 하면 과감하게 누가 뭐래도 영국이 캐나다의 뿌리라고 속내를 밝히는 이도 있습니다. 아마도 잉글랜드나 스코틀랜드, 아니면 아일랜드 혈통이라도 내려 받은 사람이겠죠?

어쨌든 캐나다의 총독은 영국 국왕이 임명하는 대리인으로 기본적인 임기는 5년입니다. 영국에서 파견되는 인사가 맡지는 않습니다. 캐나다에 거주하는 영국계와 프랑스계 주민들 중 명망가들이 번갈아 가며 맡기도 했지만 요즘은 다문화를 내세우는 국가답게 여러 출신 지역을 안배하는데, 중국계 주민이 총독을 맡기도 했습니다. 캐나다에서 총독 역할을 수행할 인물을 선정해서 영국 국왕에게 승인을 받는 절차를 거치는데, 임명이 되면 캐나다 내 다양한 지역 주민들과 계층 간의 우호에 관심을 갖고 때에 따라 외국 사절을 맞이하는 역할 정도를 수행하지만 정치적 실권은 없다고 봐야 합니다. 그래도 총독 관저는 주어집니다.

캐나다가 연방으로 나아가기로 샬럿타운과 퀘벡에서 지역 대표들이 합의했지만
모든 캐나다 식민지령에서 일제히 주민들의 동의를 얻어내지는 못했다.

캐나다 이스트와 캐나다 웨스트 연방의회에서는 결의안이 인준되었고,
뉴브런즈윅과 노바스코샤의 유권자들도 결의안을 지지했다.

그러나 프린스에드워드 아일랜드와 뉴펀들랜드에서는 부결되었다.
이로써 캐나다는 불완전한 연방으로 출발할 수밖에 없었다.

이제 남은 것은 본국인 영국의 결정이었다.
1867년 3월 영국의회는 캐나다 연방이 자치령이 되겠다는 안을 수정 없이 통과시켰고,
그 해 7월 1일 영국왕실은 영국령북미법령, 즉 캐나다법령을 공포했다.

이로부터 7월 1일은 캐나다 자치령 제정 기념일, 캐나다 데이가 되었다.

제20화

캐나다 데이

오타와

학장님! 우리 드디어 캐나다의 수도에 왔습니다.

저기 보이는 곳이 캐나다 연방국회의사당입니다.

저 분수같이 생긴 화로는 뭐냐?

센테니얼 플레임. 100년의 불꽃이죠.

캐나다 건국 100주년이었던 1967년에 만든 것입니다.

재미있는 사실 하나 알려드릴까요?

뭔데?

캐나다가 건국일로 삼은 건 1867년 7월 1일이었거든요.

자치연방정부와 의회가 그때부터 생긴 거죠.

근데 국회의사당은 1860년에 이미 착공된 상태였답니다.

여기가 연방 수도가 될 줄 알았나보지.

아닌데요?

건국 당시까지도 캐나다에서 오타와는 수도 후보지로 거론조차 되지 않았어요.

사람들은 대부분 몬트리올이나 토론토 같은 도시를 물망에 올렸고,

그에 비해 오타와는 매우 낙후된 곳이었거든요.

하긴, 지금도 몬트리올, 토론토, 밴쿠버보다 생소한 도시니까.

그런데 어쩌다가 수도가 된 거냐? 의사당은 왜 미리 짓기 시작했고?

그 전에 누군가가 오타와를 수도로 낙점해놓았거든요.

누가?

누구였는지 궁금하시죠?

자! 그럼 다시 이야기 이어가 보겠습니다.

연방결의안을 두고 주민들 사이에서 의견이 분분했다는 데까지 들으셨죠?

그래.

그러고 있는데 느닷없이 웬 놈들이 쳐들어왔다며?

그렇습니다!

미국에서 남북전쟁이 끝난 이듬해, 1866년 6월 1일,

한 무리의 군대가 나이아가라 강을 건너서 캐나다를 공격했습니다.

미국 군이었냐?

미국에서 넘어갔지만 미군은 아니었습니다.

그럼 뭐였는데?

'페니언'이라는 자들이었습니다.

페니언?

그건 아일랜드 비밀 결사대 이름이잖아?

아시네요? 영국에 저항한 무장독립운동단체였죠.

흠… 아일랜드인이 영국을 미워하는 건 다 아는 얘기고.

그런데 거기서 갑자기 페니언이 왜 나타난 건데?

미국의 아일랜드계 이주민들 있잖습니까?

그들 사이에서 영국령인 캐나다를 치겠다며 자원한 무리였던 겁니다.

그래서 페니언이라는 명칭을 내세운 거로군.

그런데 그 무렵 미국에 아일랜드인이 많이 살았나?

예, 미국에도 캐나다에도.

19세기 중반에 수많은 아일랜드인들이 북아메리카로 넘어 왔는데요.

우루루

1845년 아일랜드에서 발생한 감자대기근 때문이었습니다.

감자가 다 썩어문드러졌어.

감자를 주식 삼아 힘겹게 살던 사람들이 생존을 위협받게 되자

탄수화물 섭취를 어찌 하나?

굶주림을 면하기 위해 고향을 떠날 수밖에 없었던 거죠.

감자는 죽어도 사람은 살아야지.

그 때 북아메리카행 배를 탔던 이들은 모진 고초를 겪은 끝에

배 위에서 많이도 죽었어.

캐나다와 미국에 각각 수만 명씩 정착했답니다.

무일푼으로 시작했어.

그런데 미국에 정착한 이들은 한 가지가 내내 못마땅했죠.

영 맘에 걸려.

열혈 민족주의자였던 그들은 북아메리카에 영국령이 있는 걸 두고 볼 수 없었나 봅니다.

머리 위에 원수의 식민지가 있다니.

머리를 남쪽에 두고 자.

그래서 캐나다의 동포들을 해방시킨답시고 도발을 감행한 겁니다.

대륙에서 영국을 몰아내자!

261

암튼 캐나다를 침공한 페니언들은 실전 경험을 쌓은 군인들이었습니다.

남북전쟁에서 쌓았겠지?

그럼 그 도발은 미국이 막후에서 교사한 거냐?

글쎄요? 최소한 방조 혹은 묵인은 했겠죠?

미국은 북아메리카 전체를 미합중국에 편입시키겠다는 야심을 갖고 있었으니까요.

그래서 전투는 어떻게 됐냐? 페니언은 목적달성을 했느냐?

그럴 리가요.

캐나다인들의 영토 수호 의지는 확고했습니다.

영국을 칠 거면 바다를 건너!

위급한 소식을 들은 사람들은 신속히 전장으로 몰려들었고,

북부는 안 된다니까!

전력을 다한 캐나다 민병대는 침략자들을 퇴각시켰습니다.

이제 그만 와라!

물리치긴 했어도 캐나다는 그 일로 충격 패나 받았겠군?

그럼요. 다음번엔 미국이 전격적으로 쳐들어올 수도 있다는 불안감이 커졌고,

힘을 하나로 모으려면 조속히 연방을 결성해야 한다는 분위기가 조성되었어요.

당시 상황이 그려진다.

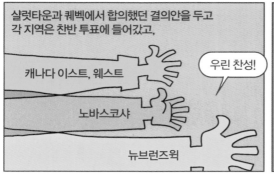

샬럿타운과 퀘벡에서 합의했던 결의안을 두고 각 지역은 찬반 투표에 들어갔고,

캐나다 이스트, 웨스트

노바스코샤

뉴브런즈윅

우린 찬성!

프린스에드워드아일랜드와 뉴펀들랜드 말고 나머지 곳들은 모두 찬성으로 결정났습니다.

애석하지만 우린 부결!

그리고 결의안은 영국의회를 통과.

언젠가 결국 독립하겠다는 거지만,

어디 한번 해보라지?

영국왕실은 영국령북미법령을 공포함으로써

한번 해보거라!

새로운 나라 캐나다가 탄생하게 되었습니다.

그래, 해보자!

1867년 7월 1일. 바로 그날, 자치령 공포일을 건국 기념일로 삼아 매년 경축하게된 것입니다.

각지에서 다양한 축제와 행사가 열리고,

오늘날엔 캐나다 데이라고 부르지.

성대한 불꽃놀이도 펼쳐.

영연방자치령이 된 캐나다는 머지않아 대서양 연안의 나머지 곳들까지 참여시킨다는 희망을 갖고,

결국 대세를 따르게 될 것이다!

멀리 태평양에 이르는 위대한 연방 국가를 반드시 건설하리라는 다짐도 했죠.

밴쿠버도 기다려라!

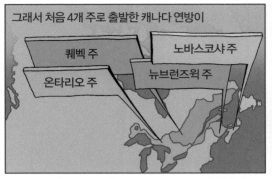

그래서 처음 4개 주로 출발한 캐나다 연방이

퀘벡 주

노바스코샤 주

온타리오 주

뉴브런즈윅 주

큰 꿈을 담아 내건 슬로건은
"바다에서 바다까지"였습니다.

라틴어로,

A Mari Usque Ad Mare

하나의 연방정부가 탄생했으니
수도를 정해야 했겠죠?

어디가 좋을까?

수도 후보지로 여러 도시들이
물망에 올랐는데

여기!

여기!

몬트리올,

토론토,

샬럿타운,

킹스턴,

핼리팩스 등.

그중에서 두 군데가 가장
치열하게 경쟁했습니다.

당연히 여기지!

거긴 절대 아니지!

프랑스계가 많이 사는 퀘벡주의 몬트리올과

캐나다는 원래 출발이
누벨프랑스였어.

영국계가 주류인 온타리오 주의 토론토.

결국엔 영국이 이겼잖아?

결정이 쉽지 않았을 텐데
그래서 전체 투표에 부쳤느냐?

아뇨, 어차피 결정하는
사람 따로 있었는걸요.

누구?

빅토리아 여왕이요.

아! 영국 왕.

영국왕실은 새로 생길 자치령의 수도에 관한 논의를 10년 전인 1857년에 이미 한 상태였습니다.

새로 생길 나라 수도로 어디가 제일 좋겠니?

별 걸 다 물으시네?

여왕에게 제출된 보고서에 프랑스계와 영국계 주민들이 다툴 거란 예상도 있었고요.

몬트리올과 토론토, 둘 다 절대 양보 안 할 거거든요.

그렇다면?

그래서 양측의 불만을 최소화할 만한 중간지대.

절충안으로 가셔야지.

온타리오 주와 퀘벡 주의 경계에 위치한 곳.

프랑스어, 영어 다 통하는 데로.

어딘데?

오타와로 정해놓았던 겁니다.

여깁니다.

OTTAWA

좋아! 찜!

그리고 그때까지 채 완공되지 않았던 국회의사당에서 역사적인 캐나다 연방의회가 열리게 되었습니다.

매우 뜻밖이지만,

캐나다의 수도는 오타와다!

그건 그렇고 세상에서 제일 예쁜 건 누구니?

……

이름이 홍설록이라고?

예, 어머니.

가영이와는 언제부터 아는 사이지?

고등학교 때부터입니다. 어머니!

그럼 자네도 가영이 고등학교 친구?

아뇨, 전 어릴 때, 옆집에 살았거든요.

옆집? 우리집 옆집?

예.

가만! 너 그럼…?

그래! 화순이!

너 어릴 때 정말 귀엽고 예뻤는데.

……

내가 미래 사윗감으로 찜해뒀었잖아?

하하하….

너희 부모님도 가영이 엄청 좋아하셨고.

하하하….

근데 왜 이렇게 변했니?

……

266

난 반대야.

왜입니까?

여긴 가영이를 위한 사다리가 없어.

우리 삶이 지치고 무기력해지는 건,

누구나 좀 더 노력하면 지금보다 더 많은 걸
누릴 수 있는 높은 곳에 도달할 수 있다며
온갖 종류의 사다리들이 도처에서 유혹하는 때일까?

아니면 더 풍요롭고 빛나는 걸 욕망하지 말고
각자의 위치에서 평균적인 삶에 자족하라며
허황된 사다리들을 치워버린 때일까?

우리로 하여금 푸념을 자아내게 하는 것은,

기회를 얻고 목표를 성취하는 적임자를
가려내기 위해 우열을 매기며
작은 일상조차 경쟁에 몰아넣는 풍조일까?

아니면 엎치락뒤치락하는 분주함보다
평온한 상태를 유지하는 것이
모두의 삶에 더 유익할 거라고 동조하는
분위기일까?

제21화

사다리

강가영, 넌 야심이 있잖아?

응?

야심에 걸맞는 실력도 있고
그래서 인정도 받는 편이고.

머지않아 교수도 될 테고 말이야.

무슨 얘길 하고픈 거죠?

그런 것들을 다 포기하고
캐나다에 와서 살겠다고?

엄마랑 같이 살아야
하기 때문인 거야?

……

꼭 엄마 때문만은 아니에요.

그럼?

한 번쯤은 사다리가 없는
곳에서 살아보고 싶어서예요.

?

아니면 사다리가 있어도 그걸
의식하지 않아도 되는 곳에서.

무슨 사다리?

좀 무거운 얘기 해볼까요?

…?…

언니는 장미그룹의
상속자잖아요?

그런데?

사실 언니와 나 사이에는 너무
멀고 긴 사다리가 놓여 있어요.

계층 간 사다리 얘기군.

그런데도 우리가 이렇게 가깝게
어울릴 수 있는 이유가 뭐겠어요?

뭔데?

만화니까.

…….

돌아보면 난 한 번도 여유
있게 살아본 적이 없어요.

대학도, 석사 공부도
악착같이 벌면서 했죠.

학자금 대출은 아직도
다 못 갚았어요. 후후.

하지만 처지를 비관하거나
주눅이 든 적은 없었어요.

좋아하는 공부도 했고
목표도 꽤 이뤘으니까.

그런데 진짜 날 힘들게
만든 게 뭔지 알아요?

뭔데?

희망.

응?

계층 간에 놓여있는 사다리를
그럴싸하게 비춰주는 희망 말이에요.

부단히 노력하면 나도 그곳에
올라설 수 있다고 믿게 만드는.

그건 나처럼 야심 있는 애들의
욕망을 간지럽히는 유혹이죠.

여기 봐~.

외면하고 돌아선다 해도
소용이 없어요.

칫~!

온 사방에서 또 다른 기회의
사다리들이 손짓을 하니까.

희망을 버리지 마.

그리고 사다리 위에 다다랐다는 이들의 미담은 어찌나 많은지.

15분만 듣고 희망을 가져.

그래서 희망은 늘 나에게 가하는 채찍을 오른손에 들게 하고,

"너 지금 쉬고 있니?"라며 끊임없이 묻게 만들고.

행여 전력질주하지 않고 있나…

스스로를 감시하면서.

그렇게 보낸 세월이 30년 가까이….

후우….

이제 그만 뛰고 싶어.

그럼 캐나다에서 살면 뭐가 달라진다는 거니?

전에 엄마가 그랬어요.

"캐나다엔 널 위한 사다리가 없어"라고.

그게 무슨 말씀이신지?

캐나다는 기본적으로 평준화를 지향하는 사회라는 말이야.

계층이 없다는 말씀인가요?

계층이 없긴 왜 없어?

밴쿠버 섬에서도 봤잖아? 부자 동네.

내 말은 한국처럼 계층 상승에 대한 욕구가 크지 않다는 거지.

아!

그게 가능한 사다리도 눈에 띄지 않는 편이고.

신분 상승 어떻게 하지?

왜냐하면 사람들이 굳이 그걸 필요로 하지 않으니까.

그런 걸 뭐하러 하지?

어떤 위치에 있건 별다른 대접을 받을 일도 없거든.

사람 사는 거 다 거기서 거기지.

그럼 좋은 사회 아닌가요?

좋지. 내가 언제 안 좋다고 했어?

좋은 데 왜 가영이는 오지 말라고…?

내 딸이니까!

그리고 걘 특별하니까.

가영이는 영특하고 승부욕이 강한 애야. 리더가 될 만한 자질을 갖췄지.

예….

그래서 난 그 아이에게 날개를 달아줘야 한다고 생각했어.

그 날개를 캐나다에선 왜 못 달고 한국에선 어떻게 가능한 겁니까?

한국엔 시험이 있잖아?

우수한 아이를 앞줄에 세워서 빛나게 하는 시험 말이야.

예에?

상대평가를 통해 객관적인 실력과 자기 위치를 인정받고,

앗싸!

1/325

노력에 대한 보상의 근거를 마련하는 거지.

넌 잘 될겨.

앗싸!

그중에서도 대입이야말로 시험의 백미 아니겠어?

합격!

앗싸사!

한 아이의 인생을 판가름하고 학적으로 날개를 달아주는

오호!

그런 게 캐나다엔 없단 말이지.

저, 어머니….

왜? 내가 속물 같아?

……

자네들한테 부모된 마음이나 교육현실 같은 걸 얘기해봤자지.

어쨌든 캐나다에는 한국처럼 전국 규모의 대입 시험은 없어.

대학 진학의 기준으로 삼는 건 내신 평가인데,

수능 점수 필요 없어.

그 평가에도 등급이나 석차 같은 항목이 없어.

몇 등 했는지 안 궁금해.

왜냐면 캐나다의 공교육에는 상대평가가 없거든.

비교우열 안 따져.

그래서 대학의 학생 선발 기준은 과목별 절대평가 항목,

수학 선생님은 B를 주셨군.

그리고 체육, 예능, 봉사 같은 다양한 활동 내역들,

너 아이스하키 안 해?

난 아이스크림 만들 건데?

무엇보다 담당교사가 그 학생의 전반을 기록한 평판이 중요해.

거짓말을 자주 한다고? 이 학생 최악인걸?

그렇다면 문제가 될 소지가 있지 않나요?

뭔 문제?

담임교사의 편파적인 주관이 개입되거나,

명문대 진학을 몰아주려고 좋은 평가를 남발할 수도 있고.

호호, 물론 문제가 생길 때 제도보완이 필요하겠지만

캐나다 사정을 제대로 알면 그런 염려는 안 해도 될걸.

여기 캐나다에선 말이야.

첫 번째, 학생들이 4년제 대학 진학을 많이 안 해.

2년제인 기술 직업 전문대학만 나와도 대부분 취업하니까.

기술 배워서 얼른 취직할게요.

응.

그리고 상당수가 아예 대학을 가지도 않아.

엄마, 나 대학 안 가.

응.

두 번째, 대학 서열이 없어.

대외적으로 이름난 몇몇 대학들이 있긴 하지만,

토론토대

UBC

맥길대

여기선 대학 평준화가 보편적인 인식이야.

집에서 가까운 대학 가면 돼.

세 번째, 대학 들어가기가 그리 어렵지 않아.

악착같이 대입에 매달리는 학생들이 별로 없는데다가,

필수가 아니라 선택일 뿐.

공부하겠다는 학생들에게 대학의 문호도 넓은 편이야.

일단 들어와서 공부해봐.

UNIVERSITY

그런데 말이야, 캐나다의 대학은 섣불리 입학했다가 큰 낭패를 겪을 수도 있어.

왜요? 학비가 무지 비싼가요?

그게 아니라 졸업이 무지하게 어려워.

졸업이요?

학과 성적을 유지하는 게 어찌나 힘이 드는지,

학점이 짜도 너~무 짜다.

매 학기마다 상당수가 유급, 또는 중도에 학업을 포기하고,

2학년 출석부

1학년 출석부

끝까지 완수하고 학위를 받는 졸업생은 손에 꼽을 정도.

겨우 살아남았다.

그나마도 4년 내에 졸업하는 경우는 극히 드물어.

너 다니는 대학 7년제냐?

애초에 학문에 뜻이 없다면 돈 낭비 시간 낭비만 하는 거야.

내 길이 아니었어요.

8년 만에 깨달았구나.

한마디로 캐나다대학은 졸업장 따러 가는 데가 아니란 거지.

명문대 입학시켜준다는 유학원 말만 믿고 오지 마.

자! 그럼 그 힘든 4년제 대학을 졸업했다.

아!

해냈구나.

그들의 학업성과에 대한 신뢰가 높겠지?

인정!

인정!

그 다음엔 보상이 따라야겠지?

으흥?

응?

응?

그런데 대접이 그리 뻑적지근하지 않아.

그건 또 무슨 말씀?

자기 분야에서 전문성을 인정 받는 거 외엔 사회에서 남들과 별 차이가 없어.

아…

명문대 졸업장이 사다리도, 날개도 되지 않는다는 거야.

아….

그래서 내가 우리 가영이를 한국에서 해내도록 한 거야.

으아….

근성과 집중력을 발휘해서 도전해볼 시험이 있는 곳.

그리고 그걸 통과한 다음부턴 많은 걸 얻어낼 수 있는 데서,

결국 잘 해냈잖아?

가영이는 한 방이 있는 애거든.

아주머니….

캐나다는 살기 좋은 나라이며 이민선호도가 높은 나라라는 정보가
쏟아지는 가운데에도 실제로 캐나다에 거주하는 이들 사이에서는
성급하게 결정을 하고 이민을 올 경우
낭패를 겪을 수도 있다고 경고하는 목소리가 간혹 들린다.

캐나다가 한국에 비해 더 나은 사회일 거라 짐작하는 사람들에게
세제, 의료, 공공 인프라 등 구체적인 항목들을 들어서
따져보게 하면 생각을 고쳐먹는 경우도 왕왕 있다.

그럼에도 교육에 관해서는 분명 캐나다가 더 선진적일 거라고 여기지만
그 또한 교육으로 얻는 효과와 개인의 성취에 관한 문제로
면밀히 비교하면 얘기가 달라지기도 한다.

내가 살고 있는 곳과 동경하는 캐나다에 관한 논쟁의 막바지에 남는 건
결국 치열함이냐 느긋함이냐이다.

캐나다가 심심한 나라라는 건 거기 사는 사람들의 공통된 의견이다.

내 삶에서 치열함이 제거될 때
여유와 사색의 즐거움으로 받아들일지,
어색한 단조로움으로 여겨질지,
살아보기 전에는 모를 일이다.

제22화

논쟁

가영이 어머니 말씀 어떻게 생각해?

뭘?

말씀대로라면 캐나다는
꽤 바람직한 사회잖아?

어째서?

소위 학벌이 작동하지 않는 사회니까.

그래?

캐나다에서 학력은 그 사람의
전문성을 가늠하는 기준이 될 뿐,

사회적 경제적 지위를 가르는
척도는 아니라는 얘기잖아?

…….

그렇게 말씀하셨나?

못 들었나?

이러셨잖아?

너희들도 공부하고 대학 나와 봐서 알겠지만 말이야.

더 좋은 대학 가고 공부해서 얻고자 하는 게 뭐겠니?

솔직히 부와 명예 아니니?

그런데 여기선 그런 노력이 부나 명예와 직결되지 않아.

일단 대졸자와 아닌 사람들 간의 소득 격차가 크지 않아.

예를 들어 의대 나온 의사만 해도 고소득이 보장되는 직업이 아니거든.

벌이는 고만고만해.

물론 개중엔 더 벌려고 애쓰는 이들도 있겠지만

여가를 줄이고 진료 좀 빡세게 해볼까?

그만큼 부과되는 세금이 느니까. 결론은 비슷한 형편인 거지.

그래도 고만고만해.

그리고 고학력 전문직이라고 더 고귀한 대접을 해주는 사회도 아니란 거야.

내가 낸데!

넌 줄 아는데?

그저 각자 영역에서 자기 일에 성실하면 그걸로 존중받을 뿐.

직능으로 평가.

그 사람이 쌓아온 삶의 평판을 좌우하진 않는다는 얘기야.

사람을 돋보이게 하는 건 학위가 아님.

이 말이 나와서 하는 얘긴데, 캐나다는 '평판'이 중요한 사회야.

대입 내신에서 교사의 총평이 중요한 항목이라는 얘기 했지?

그게 비단 대입에서뿐만이 아냐.

캐나다에선 평판이 여러 면에서 작동해.

예를 들어 취업을 할 때나, 이직을 할 때나.

이전 회사 상사는 당신이 장난꾸러기라더군요?

평판은 아이들이 학교를 다닐 때부터 계속 누적이 돼.

톰은 지각이 습관이구나.

부정행위나 거짓말 같은 이력은 계속 걸림돌로 남지.

커닝을 했대!!!

끄아!!!

어떤 경우엔 나도 모르는 사이에 내 평판이 공동체의 감성에 자리잡게 돼.

다 좋은데 시간관념이….

평판은 단번에 선입견이나 편견으로 만들어지는 게 아니고

천천히 두고 보자.

누적된 평판은 어떤 수단이나 계기로 쉽게 바뀌지도 않아.

평판 세탁 안 되나요?

그러니까 뭐겠어?

한마디로 캐나다는 한방이 안 통하는 사회라는 것이지.

이 정도면 올바른 사회 아닐까?

뭐, 그럴지도.

그래서 난 캐나다 사회를 이중 잣대로 바라보는 가영이 어머니가 솔직히 좀…

속물 같아 보여?

왜? 올바른 줄 알면서도 자기 자식에게는 그런 사회를 권하지 않아서?

……

올바른 사회가 모두에게 좋은 사회인 건 아니잖아?

뭔 말이냐?

누구에게나 선호하는 사회의 모습이 있는 거고.

또 자기에게 맞는 사회를 선택할 자유도 있는 거고.

난 가영이 어머니 맘 이해돼.

푸하하하하

가영이 어머니라서 이해가 되는 거겠지.

그런 거 아니다.

웃고 있네.

진짜 아니다.

그럼 박사 학위 따라는 너희 엄마 말씀은 왜 죽어라고 안 듣는 거냐?

거기서 우리 엄마 얘기가 왜 나오냐?

285

가영이 어머닌 그렇다 치고. 그럼 넌 어떤 사회가 좋은데?

나?

글쎄… 나는 뭐….

가영이가 좋아하는 사회?

맞을래?

그러는 너는? 캐나다 같은 사회가 왜 좋아?

안정적인 것 같으니까.

가영이 어머니는 사다리가 없는 게 문제라고 하셨지만

난 오히려 그 점이 맘에 들어.

분주하지 않고, 요동치지 않고, 평온한 상태로 예측 가능한 사회.

후후후….

그건 다시 말해, 하이어라키가 고착화되었고,

처지에 순응하는 심심한 사회라는 말이군.

장석대 회장님 손자, 장화순. 역시 넌….

…….

금수저 운운하면 진짜 때린다.

금수저라서 그런가?

아무튼 난 아냐.

뭐가 아냐?

난 관성이 강한 사회는 별로야.

좀 다이내믹한 사회가 살 만하다고 생각해.

계층이동이나 신분상승이 허황된 희망일지언정,

그런 꿈이라도 꿀 여지가 있어야 살맛이 나지.

어쩌면 나도…

판타지를 소설이나 영화만으로 충족시킬 수는 없잖아?

어쩌면 너도…

현실이 역동적이어야 문화도 풍성해지는 법이니까.

쟤도…

걔도…

개도?

소도?

문화다양성은 캐나다와 미국이 비교가 안 되잖아?

철학, 문학, 음악, 미술, 대중문화에 이르기까지.

그건 어쩌면 미국보다 곡절과 갈등을 덜 겪었기 때문 아닐까?

독립의 역사만 봐도 그래.

미국의 식민지들은 독립을 쟁취하려고 전쟁도 불사한 반면,

한판 뜨자!

캐나다는 자치령이 되고 독립하는 데 늘 영국과의 협의절차를 거쳤지.

승인 좀….

287

그래서 자치연방 수립 이후 완전한 외교, 입법, 사법 독립까지는 100년이 넘게 걸렸대.

1867년부터 1982년까지.

변화보다는 온건을 선호한다는 건데 뭔가 극적인 맛이 없잖아?

맛이 없어?

암튼 난 어머니 마음이 이해돼.

가영이의 삶이 좀 더 극적이길 바라는 마음.

뭔 소리야? 아주머니 바람은 네 생각처럼 복잡하지 않아.

그저 딸의 출세를 바라는 거지.

너 자꾸 우리 어머니 속물 취급할래?

너희 어머니 지금 서울에 계신다.

홍설록! 너! 지금 캐나다를 보는 시선이 필요 이상으로 부정적이야.

네 말대로라면 캐나다는 완고한 사회라는 거잖아?

겉으로 보기엔 몰라도 정황상 그렇다는 거지.

그렇다면 네가 틀렸다는 한 가지 예를 들어주마!

미국의 경직된 이민정책과 달리 역동적인 캐나다의 다문화정책!

그건 어떻게 해석할 거냐?

어때? 딱 걸렸지?

......

음하하하 할 말 없지?

......

넌 그 말을 곧이
곧대로 믿는구나.

?

뭔 말?

오기 전에 봤던 책 제목.

THE
WORLD
NEEDS
MORE
CANADA

난 여전히 그 문장을 선의로만
해석하기가 어려워.

자가당착, 혹은 과대
포장인 것 같단 말이야.

너무 삐딱한 거 아냐?

과연 그럴까?

자~ 생각해보라고.

캐나다는 초기 이민 정착 시절부터
지금까지 줄곧 한 가지가 절실했어.

?

뭔데 그게?

인구.

넓은 국토, 축복받은 자연과 천연자원을
가진 이 거대한 나라가 아쉬울 게 뭐겠어?

연방 유지와 국력 신장을 위해 무엇보다
절대적인 경제인구가 필요하지 않겠어?

원활한 생산과 소비를 담당할
적재적소의 기능인구 말이야.

거기엔 전문분야와 신기술
부문 인력도 필요하겠지만

당연히 임금이 저렴한
노동인구도 포함되겠지.

자타가 인정하는 다문화주의를
그렇게 평가절하해도 되는 거냐?

어쨌든 이민자들로 인해 역동적인
사회가 될 수 있는 거 아니냐고??

이미 안정된 시스템 내에서
자기 역할을 하게 될 뿐이라고!

그게 바로 사다리가
없다는 말이라고!!

이민 올 사람들한테
찬물을 끼얹는 거냐?

그게 아니라 정확히 알고
이민을 택하란 얘기지!

정말 말이 안 통하는 녀석일세!

내가 할 말일세!

그게 어딥니까? 어머니!

세상에서 가장 아름다운 호수.

아직도 남아 있는 광활한 땅과 자원,

다양한 이민자들이 발휘하게 될 역량 등.

충분히 예측가능한 면들로 볼 때
캐나다가 가능성이 큰 나라임에는 분명하다.

하지만 토론토와 밴쿠버 등 주요 도시들에서
급격히 치솟고 있는 집값과 거주비용,

한적하게만 보이는 캘거리에서도 겪게 되는 교통체증,

대마초를 허용함으로 시작된 향정신성 약품에 노출될 유혹,

정책적으로 부각시키는 다문화에 비해
정확하게 정체성을 확립하기 어려운 국민이라는 개념

미국과 다름을 은근히 강조하는 사람들을 볼 때
느껴지는 떨칠 수 없는 모종의 열등감 등.

캐나다가 미래로 나아가는 길목에서 해결해야 할 숙제들 또한 많은 것 같다.

제23화

미래

토론토 도심 남동쪽
온타리오 호반지구

여기가 스마트시티 부지라는 거냐?

예.

약 800만 평방미터를 차지하는
미래형 신도시가 들어설 거랍니다.

엄청나군.

구글의 지주회사인 알파벳이 캐나다
정부와 협약을 맺고 벌이는 사업이죠.

구글?

구글은 IT기업인데 웬
집장사를 한다는 거냐?

집장사라뇨?!!

누가 문과 꼰대 아니랄까봐.

뭐? 꼰대??!!

스!마!트!시티라니까요!!

그래봤자 신도시 아냐?

그냥 신도시와 개념이 달라요!!

뭐가 어떻게 다른데?

생활 편의에서,

친환경까지!

모든 면에서!!

고성능 통신망과 연결된 전기, 상수도, 보안은 기본이고,

기온, 대기, 소음 등의 데이터를 수집해서 조성하는 환경,

주민들의 생활패턴을 파악해서 관리되는 폐기물 시스템,

사람들의 움직임을 감지하고 종합해서 구현하는 자율주행 교통에 이르기까지.

한마디로 인공지능을 활용한 최첨단 도시란 말입니다!

그래?

인공지능, AI 말이군.

이제 아시겠습니까? 알파고, 바둑 두는 AI.

그래, 구글이라는 게 이제 납득이 되는군.

그죠?

그런데 왜 캐나다지?

그건 말입니다.

'메이플밸리'라고 들어보셨습니까?

Maple Valley

뭐냐? 단풍계곡이냐?

그게 아니라 실리콘 밸리 같은 말입니다.

응?!

오늘날 AI 분야를 선도하는 나라가 캐나다라서 그렇게 부르는 겁니다.

그래?

그쪽은 미국, 중국이 앞서간다는 얘긴 들었는데 캐나다도 그런가?

뭘 몰라도 한참 모르시는 말씀.

혹시 '딥러닝'이라고 아십니까?

들어는 봤다.

들어도 아는 건 아니시죠?

나한테 질문은 그만하지?

딥러닝은 흔히 심층학습, 혹은 기계학습이라고 번역하는데,

배우기 시~작!

간단히 말해 컴퓨터 같은 기계가 사람의 행동과 사고를 학습해서

배운다고 될까?

궁극적으론 종합 판단 능력을 갖도록 하는 기술입니다.

배워서 다시 덤비세요.

그야말로 AI를 현실 가능케 하는 핵심바탕기술이라고 할 수 있죠.

딥러닝이 캐나다와 관련이 있는 게로군.

신기술은 몰라도 눈치는 빠르시네요.

주먹도 빠르다.

암튼 토론토는 딥러닝 연구의 성지라고 할 만한 곳입니다.

왜?

혹시 제프리 힌튼이라는 이름, 들어는 보셨습니까?

······.

질문 그만하라고 했지?

그냥 너 아는 거 얘기하라고!!

나 주먹 빠르다고 했냐? 안 했냐?

296

제프리 힌튼은 영국 출신의 인지 심리학자이자 컴퓨터 과학자입니다.

Geoffrey
Everest
Hinton

오늘날 AI, 딥러닝 연구 분야의 위대한 구루로 불리는 인물입니다.

20세기 중반부터 과학자들은 인간의 신경망 원리를 응용한 기계학습을 연구했는데요.

인공신경망도 가능하지 않겠어?

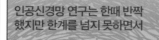

인공신경망 연구는 한때 반짝 했지만 한계를 넘지 못하면서

사람 신경은 너무 복잡해서,

신경질 나.

1990년대부터는 거의 사장되는 분위기였죠.

답이 없어.

포기해.

그러나 암흑기에도 토론토대학의 힌튼 교수 연구팀은 멈추지 않았는데,

답 있어.

포기 안 해.

결국 그들은 다 꺼졌던 인공지능 연구의 불씨를 되살렸고,

답 있다고 했지?

오오!!

세계가 주목하는 첨단 분야의 선구자들이 된 겁니다.

컴퓨터 분야의 노벨상 이라는 튜링 상도 받았어.

오늘날 AI연구를 이끈다고 평가받는 석학들을 포함해

얀 레쿤
Yann LeCun

요수아 벤지오
Yoshua Bengio

앤드류 응
Andrew Ng

세계 유수의 대학 연구소와 기관, 기업 등에서 맹활약 중인 이들은

구글

페이스북

바이두

대부분 힌튼 교수의 연구와 얽힌 사람들입니다.

난 동료.

난 제자.

난 논문 보고 감동.

힌튼 교수가 딥러닝의 기반을 꾸준히 다져온
캐나다 대학들은 AI산학연구의 산실이 되었고,

제프리 선생님이 길을
잘 닦아놓으셨어.

캐나다 연방, 주 정부와 시들도 미래지향형
신기술을 적극 지원하고 있으며

훌륭한 선생님 계신데
뒷짐지고 있을 순 없지.

해외의 우수한 인재들도 다문화주의로 문호가
열린 캐나다로 몰려들고 있으니,

미국보다는 캐나다.

왜?

난 마음이 여리거든.

혁신사업을 도모하는 세계의 기업들이
메이플밸리를 주목하지 않겠습니까?

댁도 인공지능
투자하러 왔어?

그럼 단풍구경 왔겠니?

이제 구글이 스마트시티 부지로
왜 여길 찜했는지 이해되시죠?

그런데 말이다.

스마트시티를 하려면 방대한 양의
학습 정보를 수집해야 될 거 아니냐?

그렇죠. 빅데이터를 관리해야죠.

그럼 문제가 될 텐데?

무슨 문제요?

개인정보 문제 말이다.

앗!!!

역시 눈치가 빠르십니다!
안 그래도 문제가 됐네요!

눈치가 아니라 추론이다!

난 아무래도 동의할 수가 없어.

앨버타 주
밴프 국립공원

뭐?

캐나다를 부정적으로 보는 네 생각.

내가 뭘 부정적이야? 사실을 판단하고 아울러 이면을 함께 들여다보자는 거지.

어쨌든 이민대상으로 선호할 만한 나라가 아니란 거잖아?

좋다는 말만 듣고 무작정 삶의 터로 정할 순 없잖아?

그렇게 따지고 들자면 세상에 어디는 안 그래?

그러니까 캐나다도 더 따져봐야 한다고.

어이! 홍설록! 장화순!

앗!

가영…아.

왔나?

동쪽 서쪽 끝으로 떨어졌다가 이제야 만났네?

가영…아, 어머닌 만났어?

아직. 통화만 했어. 근데 너 우리 엄마 업어줬다며?

아하하하…

엄마가 너 귀엽다더라.

아…하…

이 녀석 아주머니한테 엄청 삐딱하게 굴었는데?

넌 우리 엄마도 못 알아봤다면서? 뭘.

그래! 밴쿠버, 캘거리는 어땠어?

당연히 좋았겠지?

동부는 정말 좋았거든.

토론토, 나이아가라, 세인트 로렌스 강.

대서양 연안 지역들.

캐나다 참 멋지지 않니?

자연도, 사람 사는 동네도,

그리고 사람들도.

진즉에 와서 볼 걸 그랬어. 하지만 이제라도 알게 됐으니.

사실 나, 오기 전부터 결심했는데 와서 보니까 더 생각이 굳어졌어.

수길아, 만일 내가 이민을 하려고 한다면 캐나다를 추천하겠느냐?

예? 학장님이요? 캐나다 이민이요?

전 반댑니다!

왜?

캐나다 이민정책이 아무리 적극적이라고 해도요.

이민 희망자들 점수 매겨서 가립니다.

나이, 학력, 영어능력, 직업경력, 자격증 유무 등 여러 항목들로요.

학장님은 일단 연세가 많아요.

거기다가 뭐 뾰족한 기술이 있길 합니까?

좋은 점수 못 받습니다. 그냥 한국에 사세요.

그러냐?

그러는 너는 점수 좀 받을 거 같으냐?

전 한국에서 잘 살 건데요?

그래, 얼마나 잘 사는지 어디 두고 보자.

캐나다에서 만나는 교민들 대부분은 지금까지 살아온 그곳에서의 삶과
캐나다 사회가 제공하는 여러 이점에 관해 이야기를 하면서도
떠나온 한국 상황에도 촉각을 세운다.

특히 의료제도와 효율적이고 신속한 공공민원 시스템에 관해
얘기할 때면 아쉬움을 토로한다.
그럼에도 자녀 교육이나 노인정책에 관해 얘기할 때면
또 캐나다에 살고 있는 것에 안도하기도 한다.

한국에 사는 우리와 캐나다로 떠난 이들은
여전히 마음의 끈으로 이어져 있다.

한국에서의 삶을 접고 새 터전을 마련한 사람들이라 할지라도
고국이 캐나다보다 모든 면에서 더 살기 좋은 곳이 되는 걸
바라지 않을 사람은 없다.

비록 등지고 떠난 곳이지만 여유와 자신감을 채워줄
마음의 자양분은 한국에서 나오기 때문이다.

제24화

선순환

그건 나 사는 데라고 보여주려고 한 거지.

엄만 여기서 이렇게 안전하게 잘 사니까.

너는, 너 있는 데서 네 인생 잘 살라고.

그런 거였어?

그래.

캐나다에선 내가 늙어서도 큰 어려움 없이 살 수 있어.

노령 연금도 나올 거고. 주거 염려 안 해도 되고.

그러니까 엄마 걱정 하지 말라고.

…….

…….

그래도 올래.

나, 엄마랑 같이 살 거야.

이 녀석이 정말!!!

엄마는 여기 살면서 왜 난 안 된다는 거야?

넌 여기보다 한국에 살 때 더 빛난다니까.

너한테 더 유익한 데서 살아야지.

캐나다도 살기 좋은 데잖아?

지금도 한국에서 이민 선호 조사하면 캐나다가 1등이야.

그건 여기 사람들도 자신 있어 하던데?

다들 공감한다는 거잖아?

……

안 그래? 너희들도 공감하지?

끄덕끄덕.

공감 같은 소리 하고 있네.

네 인생을 공감에 맡길 거냐?

공감은 유행 같은 거야.

사정이 달라지면 금세 바뀌는 거라고.

캐나다에선 넌 모든 걸 새로 시작해야 돼.

캐나다는 너한테 어떤 것도 확실하게 보장해주지 않아.

물론 비교적 잘 갖춰진 복지 제도가 있긴 하지.

하지만 네 꿈과 네 장래 목표가 복지혜택을 받는 건 아니잖아?

그리고 장차 한국이 훨씬 뛰어난 복지선진국이 될 수도 있는 거고.

너, 그거 알아?

정말 이민에 성공하는 사람들이 어떤 이들인지?

어떤?

두 종류의 사람들이지.

첫 번째! 돌아갈 곳이 없는 사람들.

일말의 미련도 남겨두지 않고 떠나온 사람들이지.

그들은 비장한 확신과 희망으로 낯선 곳에서의 삶을 꾸려나가.

그럼 두 번째는?

언제라도 다시 돌아갈 넉넉한 곳이 있는 사람들.

이민 와서 살지만 떠나온 곳에도 여유를 마련해놓은 사람들이지.

재산이든, 이어갈 경력이든, 반겨줄 가족이든, 친구이든.

그들은 조급할 필요가 없기 때문에 절박한 사람들 못지않게 잘 적응해.

물론 내 생각이 공감을 얻을지 모르겠지만 그래도 내 경험으로 내린 최선의 판단이야.

알겠니? 가영아.

엄마를 위해서라도 넌 한국에서 살아줘.

날 진정으로 생각한다면 말이야.

넌 엄마가 언제라도 돌아갈 곳이 되어줘.

결론 난 것 같네?

그렇지?

어머님… 참 좋은 분이시다.

내가 앞으로 잘 모실 거야.

자네 어머니 먼저 잘 모시게.

어쨌든 가영이는 이제 안심하겠지?

응.

캐나다에서 어머니의 여생이
안전할 거란 믿음도 생겼고.

무엇보다 어머니 스스로도
자신 있어 하시고.

그 믿음을 바탕으로 가영이도
한국에서의 삶을 잘 꾸릴 거고.

엄마 걱정 마.

응.

어머니는 또 그 모습을 보며 한층
마음의 여유를 가지실 테고.

나 잘 하고 있어.

너 좋은 게 나 좋은 거야.

그야말로 선순환이로군.

그래.

근데 그 선순환이란 거 말이야.

응?

가영이와 어머니 사이의
문제만은 아니지 않냐?

어째서?

한국은 딴 세계로 떠난 모든 이민자들의 고국이잖아?

어떤 사정으로 떠났건 늘 염두에 둘 수밖에 없는.

그들에게 우리는 남겨둔 가족이거나 친구이니까.

우린 캐나다가 어떤 곳인지 보러 왔지만

살 만한가?

이민자들은 우리가 사는 모양을 예의주시할 거야.

신경 쓰여.

잘 사는지,

아니면 개판치고 있는지.

이제 알겠다!

회장님이 우릴 여기로 보낸 의도는 그저 살기 좋다는 데를 조사하라는 게 아니라

캐나다를 통해 우리 사회를 바라보고 우리 장래의 가능성을 찾으라는 거였어.

우리와 이민자들 간의 선순환.

한국과 세계 사이의 선순환.

기특하군.

할아버지께서 바라셨던 결론에 도달했네요?

그러게 말이다.

캐나다가 좋다지만 우리에게 일방적인 롤모델은 아니지.

우리 스스로가 세계의 롤모델이 되기 위해 참고할 사례가 될 뿐.

후후후 이런 말을 할 수 있다니. 나, 사는 동안 세상 참 많이 변했구나.

우리 세대는 다른 곳을 살피며 스스로를 반추해볼 겨를이 없었단다.

우리 살기에 급급했고,

선진국들은 선망의 대상일 뿐이었지.

그래서 무슨 '드림'인가를 안고 이민을 떠났던 거고.

캐나다 편을 만들기 위한 본격적인 취재에 들어가기 전, 그 나라에 관해 해줄 이야기를 많이 가지고 있을 거라 생각되는 지인들과 이야기를 나눠봤다.

캐나다에서 나고 자라서 캐나다 국적을 가졌는데 지금 한국에 와 있는 사람, 가족이 먼저 이민을 가서 터를 잡아 이제 곧 자신도 캐나다로 이주할 사람, 자녀를 캐나다에 유학 보낸 사람 등.

그때만 하더라도 온 세계에 무서운 바이러스가 창궐하기 전이라서 우리가 제법 좋은 사회상이라고 평하던 캐나다로부터 전해오는 인종차별이나 동양인 혐오 같은 소식은 없었다. 오히려 세계 뉴스나 사회관계망을 통해 보고 듣는 캐나다 사정은 하나같이 참 바람직한 것들이었다. 그러던 중 어느 지인에게 듣고 알게 된 문구 하나가 바로,

"The World Needs More Canada."

이 당돌한 문장을 읽었을 때 뚜렷한 근거는 없지만 왠지 '미국보다'라는 말을 숨긴 것 같은 느낌이 들었다. 우리가 서방선진국이라는 단어로 오래 인식해온 바, 세계 주류 문화사는 곧 유럽이 이룩한 근대의 서사이며 20세기에 들어 프랑스와 독일, 영국, 이탈리아 등 발달한 지성과 문화를 일거에 흡수해 거대한 문화제국을 건설한 나라가 미국이니, 캐나다는 같은 이민자들의 나라임에도 위도 아래에서 벌어진 문화 지성의 대이동을 지켜보며 야릇한 감정을 느꼈을 것 같다는 상상을 하게 됐다.

인종 갈등이니 패권주의니 하며 미국을 보는 곱지 않은 세계인들의 시선에도 불구하고 어쨌든 캐나다는 미국보다 조명을 훨씬 덜 받는 나라였다.

그런데 최근 몇 년간 국제무대에서 캐나다는 자주 눈에 띄는 역할로 등장하며 젊은 총리가 맡은 역할 또한 미국의 연로한 대통령에 비해 유익한 캐릭터로 여겨졌다.

캐나다는 건국 100주년을 기념하며 세계가 나아갈 길에 올바른 이정표를 세우는 걸로는 미국보다 자신 있음을 이 한마디로 선언한 것 같다. 거창하고 야심찬 선언이라기

보다 사회를 조성하는 자기들 방식에 대한 믿음일 거다.

그리고 각자의 경험으로 캐나다 이야기를 들려준 지인들이 공통으로 한 말은,

"캐나다는 한국과 다를 것이다."

좋고 나쁘거나, 옳고 그르고 같은 가치 평가가 아닌 그저 다를 거라는 말이었다. 캐나다에 있는 동안 그곳 사람들을 유심히 지켜본 경험으로 지인들의 말마따나 여러 다름을 관통하는 한 가지 느낌을 정리할 수 있었는데, 캐나다 사회의 모습과 캐나다 사람들의 일상은 등속운동을 보는 느낌이었다.

물리의 기초를 배웠다면 알겠지만 등속은 가속도가 0인 상태로 느낌상 정지상태와 같다. 그렇다고 캐나다가 운동을 멈춘 상태라는 말이 아니다. 그들은 사회가 전진하고 진보하면서 거기에 몸을 실은 구성원들이 운동과 힘의 부담을 갖지 않을 상태를 조성한 것 같다. 물론 그 상태는 자기들 경험에 비추어 적정량을 찾은 것일 테다.

개발도상국에서 중진국을 지나 선진국으로 지금까지 단기 계획을 수립하고 달성하는 숨가쁜 운동을 펼친 한국인들이 여전히 역동적인 삶을 살고 있는 것과 다른 느낌이었다.

그건 확실히 보기에 기분이 좋은 쾌의 느낌이었지만, 취재를 끝내고 원고를 쓰고 그리기 시작할 때 그 편안한 등속 느낌이 다이내믹한 우리의 처지보다 낫다고 결론짓고 싶지 않았다. 그래서 캐나다를 이해하는 여러 관점들을 등장인물들의 말과 생각에 실어보았다.

어쨌든 캐나다가 오늘날 어떤 나라들보다 열린 결말로 이야기를 맺기에 적합한 나라인 것만은 분명하다.

감수 이승열

캐나다 알버타 대학교에서 박사학위를 취득 후 국내에서 한국캐나다학회장을 역임하였고 국제적으로 캐나다 오타와에 본부가 있는 국제캐나다학협의회(International council of Canadian Studies)에서 이사로 있다. 대학에서캐나다 문화를 강의하고 있으며 국내 여러 기관에서 캐나다에 대한 특강을 해오고 있다. 특히 캐나다학에 대한 공헌으로 2020년 국제캐나다협의회로부터 공로상을 받았다. srlee@kau.ac.kr

교양만화로 배우는 글로벌 인생 학교

어메이징 디스커버리 ④ 캐나다

초판 1쇄 발행 2020년 7월 3일 **초판 3쇄 발행** 2022년 6월 3일

지은이 김재훈
펴낸이 이승현

편집1 본부장 한수미
에세이1 팀장 최유연
디자인 김준영

펴낸곳 ㈜위즈덤하우스 **출판등록** 2000년 5월 23일 제13-1071호
주소 서울특별시 마포구 양화로 19 합정오피스빌딩 17층
전화 02) 2179-5600 **홈페이지** www.wisdomhouse.co.kr

ISBN 979-11-90786-88-1 04900
      979-11-89709-97-6 (세트)